CHRONIQUES
DE L'OPÉRA.

Rabais considérable au comptant.
Romans à 3 fr. le Volume,
Et 2 fr. 50 c. en en prenant au moins 50 vol.

Le baron de Lamothe-Langon.

REINE ET SOLDAT, 2 v.	6 fr.
LE ROI ET LA GRISETTE, 2 v.	6
BONAPARTE et le Doge, roman historique, 2 v.	6
CAGLIOSTRO, roman historique, 2 v.	6
MONSIEUR ET MADAME, 2 v.	6
LA CLOCHE DU TRÉPASSE, 2 v.	6
LA NIÈCE DU CURÉ, 2 v.	6
MON GÉNÉRAL, SA FEMME ET MOI, 2 v.	6
LES DEUX FAMILLES, 2 v.	6
L'AUDITEUR AU CONSEIL D'ÉTAT, 2 vol.	6

E.-L. Guérin.

LES NUITS DE VERSAILLES, 4 v.	12
LES SOIREES DE TRIANON, 2 v.	6
LE LOUVRE SOUS ROIS, 4 vol.	12
LES PETITS ABBÉS et les mousquetaires, 2 v.	6
MADAME DE PARABÈRE, 2 v.	6
LES DAMES DE LA COUR, 2 v.	6
LA PRINCESSE LAMBALE ET MADAME DE POLIGNAC, 2 v.	6
LA DAME DE L'OPERA, 2 v.	6
LE MARQUIS DE BRUNOY, 2 v.	6
LE TESTAMENT D'UN GUEUX, 2 v.	6
UNE FILLE du peuple et une demoiselle du monde, 2 v.	6
LA MAITRESSE DE MON FILS, 2 v.	6
LA MODISTE ET LE CARABIN, 2 v.	6
LA FEURISTE, 2 v.	6
LE SERGENT DE VILLE, 2 v.	6
UNE ACTRICE, 2 v.	6
MAGDELEINE la repentie, 2 v.	6
LA LOGE et le salon, 2 v.	6
ISABELLE ou comtesse et femme de chambre, 2 v.	6

CHRONIQUES

SECRÈTES ET GALANTES

DE L'OPÉRA

1667--1844

Par G. TOUCHARD-LAFOSSE

Auteur des Chroniques de l'OEil de Bœuf, des Réverbères, des Chroniques des Tuileries, etc., etc.

II

PARIS,

CHARLES LACHAPELLE, ÉDITEUR,
RUE SAINT-JACQUES, 38.

SCHWARTZ et GAGNOT, | DOLIN,
Quai des Augustins. | Quai des Augustins.

1844.

X.

**FONTENELLE. — ÉDOUARD STUART. —
J.-J. ROUSSEAU.**

La révolution du premier des arts qui contribuent aux splendeurs de l'Opéra, la musique, m'a fait négliger, pour un moment, cette partie anecdotique qui prête un caractère à toutes les institutions, et qui colore leurs fastes du reflet des mœurs contempo-

raines. Je reviens donc un peu sur mes pas en faveur de ce coloris indispensable de l'histoire. Le 29 novembre 1750, les nombreux spectateurs qui se pressaient à la reprise de *Thetis* et *Pelée*, Opéra de Fontenelle, virent avec attendrissement l'auteur assister au spectacle dans la même loge où il avait vu la première représentation sous l'empire d'un grand trouble 61 ans plus tôt. Cet écrivain, l'un des hommes les plus spirituels, les plus agréablement philosophes qui aient paru parmi nous, disait le lendemain à ses amis que jamais effet produit sur son imagination n'avait égalé ce qui s'était passé en lui à cette reprise.... « Je n'étais plus, disait-il, le vieillard
« parvenu au bord de sa fosse, déjà si long-
« temps reculée par l'indulgente providence..
« cet immense espace de soixante-une an-
« nées avait disparu.... Pour moi *Thetis* et
« *Pelée* datait de la veille.... Je voyais à mes
« côtés, comme je vous vois, mes amis, le
« musicien Collasse.... Colasse, qui depuis

« quarante-deux ans dort dans la tombe : je
« le voyais battant la mesure de la main sur
« l'appui de ma loge.... Vous le dirai-je, je
« voulus toucher cette main.... et je la sentis,
« s'écria Fontenelle en élevant la voix, domi-
« né par une émotion puissante... Enfin,
« Faut-il vous l'avouer, plus que nonogé-
« naire, je me sentais jeune au point de
« continuer l'illusion... que sais-je jusqu'où
« je l'aurais continuée... Mais hélas ! mes
« quatre-vingt-treize ans m'attendaient à la
« porte de l'Opéra... Ils remirent tout leur
« plomb dans mes jambes, au moment de
« monter en voiture. Tel est cependant, pour-
« suivit le neveu de Corneille, tel est l'étrange
« effet d'un événement reproduit dans le
« même lieu, avec les mêmes circonstances :
« le temps s'efface ; la nature humaine se ré-
« génère pour un instant... Cet enchanteur
« des mortels qui ne jouissent plus dans le
« présent, le souvenir, fait le reste. »

Quelques jours avant la reprise de *Thetis* et

Pelée, Fontenelle fut mandé à la répétition ; il s'agissait de trancher une difficulté survenue entre le sieur Francœur (1), l'un des directeurs, et le maître des ballets, sur la question de savoir si l'on devait faire danser les prêtres qui avaient un rôle dans l'Opéra ; le chorégraphe était pour la danse sacerdotale, Francœur s'y montrait opposé. Or, en ce moment il se passait dans le monde politique une chose que je dois citer, afin de faire comprendre le mot de Fontenelle, que je vais rapporter. La cour voulait contraindre le clergé de France à donner la déclaration de ses

---

(1) En 1744, M. Berger remplaça MM. Comte et Thuret, comme directeur privilégié de l'Opéra ; en 1747, il fut remplacé lui-même par MM. Trefontaine et Saint-Germain ; lesquels durent abandonner la direction, en 1749, à la ville de Paris, qui confia cette gestion à MM. Rebel et Francœur. En 1767, MM. Berton et Trial succédèrent aux sus-dénommés ; en 1769, on leur associa MM. Dauvergne et Jolliveau. Un peu plus tard, le roi nomma M. Rebel, administrateur-général de l'Académie royale de Musique

biens : ce qui jetait une grande perturbation dans l'état. Fontenelle donc, consulté sur l'opportunité où l'inconvénient de faire danser les prêtres payens, répondit : « Je veux « que mes prêtres marchent ; faites danser « les autres si vous voulez. »

Puisque le nom de Fontenelle s'est retrouvé sous ma plume à propos d'un opéra, je dirai quelques mots de cet écrivain qui, ayant cheminé à travers deux grandes époques, le siècle de Louis XIV et le siècle encyclopédique, fut un des acteurs les plus intéressants de cette double période. Fontenelle eût été l'un des beaux génies de la France, si son esprit ne se fût pas trop arrêté à la superficie des grandes choses pour s'en jouer, et en faire jaillir des étincelles ingénieuses. Cet auteur, au lieu de répandre dans ses ouvrages une force de conception qui pût les rendre durables, n'y a mis que cette finesse dont son style même offre l'abus. Mais il est si séduisant qu'on se prend à désirer, en le lisant, qu'il ait toujours raison, et l'on finit par se laisser entraîner à croire ce que l'on a désiré. Sa métaphysique à cela d'heureux qu'elle persuade : mérite que cette science n'a que rarement, quoique ce soit le seul qu'elle puisse avoir. A ses talents réels, Fontenelle joint des défauts qui ne le sont pas moins : le parti pris de ne jamais s'exprimer comme les autres, et l'audace d'amener les choses sublimes à lui, au lieu de s'élever jusqu'à elles ; une finesse qui ne porte souvent que sur l'expression et laisse échapper la pensée : en un mot une délicatesse dégénérant habituellement en affèterie. « C'est, à dit un écrivain de son épo« que, un athlète qui se farde, qui se parfu« me, et que la mollesse affaiblit. » Fontenelle, né en 1657, mourut en 1757, à cent ans accomplis... Quel admirable livre il eût offert, si les trésors de sa mémoire eussent été écrits sur un vélin moins apprêté.

Il se passa, dans ce temps, à l'Opéra, une scène qui occupa tout Paris : cette scène là n'était pas lyrique ; et si l'on pouvait y attacher l'idée du drame, ce n'était pas celle du drame héroïque. Le prince Charles-Edouard, fils du dernier prétendant à l'héritage souverain des Stuarts, vivait à Paris sous le nom de chevalier de Saint-Georges : il s'y conduisait en bon gentilhomme français, faisant des dettes constamment, les payant quelquefois ; s'enivrant avec un grand abandon ; faisant la cour aux dames titrées, pour ne pas se faire auprès d'elles une mauvaise réputation ; et se donnant les actrices afin d'avoir moins de rivaux. Il s'était surtout épris d'une vive passion pour mademoiselle Le Maure (1), cantatrice célèbre de l'Opéra, qu'il avait enlevée à l'abbé Bridard de La Garde, qui, le premier, fit adopter le costume historique sur nos théâtres. Lors-

---

(1) Mademoiselle Le Maure était fort laide, mais très spirituelle, et les aventures ne lui avaient point manqué. Peut-être ce qui plaisait en elle était-il son humeur d'une extrême mobilité, ses caprices perpétuels : il y avait en elle vingt femmes.

que cette cantatrice ne jouait pas, elle s'enfermait dans une loge avec le prince Edouard, qu'elle aimait, moins peut être pour ses qualités estimables qui, dit-on, étaient contestées, que pour une faculté prépondérante qu'on ne pouvait refuser de reconnaître en lui, celle de boire comme un templier. Dans l'espèce de solitude que le fils du prétendant au trône d'Angleterre et la *prima donna* se procuraient au milieu de la foule, ils se donnaient toujours pour compagnes quatre bouteilles de vin de Champagne : le prince en apportait deux dans ses poches, comme un commis aux Aides allant souper chez une frangère de la rue aux Fers ; mademoiselle Le Maure cachait aisément les deux autres sous l'ample developpement de ses paniers. Notre couple biberon trouvait charmant de perdre tout doucement la raison au bruit de l'orchestre, et d'en conserver tout juste assez pour regagner chacun son chez soi, quelquefois le même domicile, sans trébucher trop ostensiblement.

Ces gentilles séances en loge close, qui se sont, dit-on, renouvelées de nos jours, furent troublées un soir d'une manière tout-à-fait inattendue.

Dans un article du traité d'Aix-la-Chapelle, signé en 1748, Louis XV s'était laissé intimer, par l'Angleterre, l'injonction de ne plus donner asile au prince Edouard, quoiqu'il fût né français. Or, la communication de cet article à ce seigneur, dans laquelle devait se révéler l'humiliation du roi de France, était d'une extrême délicatesse ; ce fut le ministre Maurepas qui se chargea de cette déplorable ouverture ; et comme il n'ignorait pas ce qui se passait dans la loge du prince à l'Opéra, il espéra qu'il aurait, sous l'influence de quelques rasades d'Aï, l'humeur assez allègre pour entendre la communication délicate, sans se livrer à ses emportements ordinaires. Un soir donc, monsieur de Maurepas vint frapper, en voisin, à la loge susdite : je dis en voisin, parce que l'homme d'état s'était placé ce jour-là de manière à établir cette proximité. On s'empressa de cacher sous une banquette les flacons et les verres, et l'on ouvrit.

Dire qu'Edouard fit un accueil gracieux au ministre de Louis XV, ce serait, je crois, blesser la vérité historique; plus probablement son regard dut lui dire : « Que diable venez-« vous faire ici? » Mais les prétextes ne manquent guère aux hommes dont toute la vie est cousue de subtilités; Maurepas, qui, pour l'adresse cauteleuse, était ministre et demi, sut même agencer la conversation de manière à n'y faire arriver l'objet de sa visite qu'obliquement et comme par hasard.

— A propos, monseigneur, dit enfin le comte quand cet *à-propos* put être appliqué à l'entretien commencé, vous savez que les plénipotentiaires du roi ont enfin signé un traité de paix à Aix-la-Chapelle.

— On me l'a dit, monsieur le comte, et je me flatte, en sujet affectionné du roi, que ce traité est ce qu'il doit être pour la gloire de sa majesté.

— Il n'y a pas à en douter, ajouta mademoiselle Le Maure, qui passait, à bon droit, pour une des femmes spirituelles du temps. Sa majesté, dans la guerre qui se termine, a payé assez cher cette gloire pour la recueillir digne d'un grand roi.

Cette observation d'une femme jeta un obstacle énorme sur la route que se traçait à lui-même l'homme du tapis de Versailles ; comment après cela amener la communication fatale ? Il reprit avec un embarras mal déguisé :

— Le roi a pensé qu'après les sacrifices que la guerre a coûtés au pays, son premier devoir était d'y mettre un terme à tout prix.

— Excepté, bien entendu, au prix de l'honneur de ce même pays, interrompit vivement Edouard.

— En politique, prince, l'honneur est une

pâte malléable que la nécessité pétrit au gré des exigences impérieuses.

— Je ne suis pas de votre avis, monsieur le comte ; quand les nécessités dégradent ceux à qui l'on voudrait les imposer, l'honneur ne se laisse pas *pétrir* au gré de ces nécessités-là. Tenez, je vais vous citer un exemple : je sais que le cabinet de Saint-James a demandé que je fusse expulsé de la France, mon pays natal, si l'Angleterre est ma patrie, par les droits de mon père au trône de ses aïeux....

— Il est vrai, monseigneur, que les plénipotentiaires Anglais ont demandé cela.... et Maurepas se dit mentalement. — Quel bonheur ! il y vient de lui-même.— Eh ! bien reprit Stuart, les plénipotentiaires du roi auront répondu : « Sa majesté Louis XV a promis au prince Charles-Edouard qu'il aurait toujours un asile dans ses états ; ce prince en a dans sa poche la promesse revêtue du seing royal, et le petit-fils d'Henri IV ne se laisse point intimer d'injonctions contraires à sa parole engagée.... Voilà, monsieur le comte, ce qu'ont répondu les seigneurs français qui traitaient à Aix-la-Chapelle, car ceci est un de ces cas où l'honneur ne se laisse pas *pétrir*, comme vous le disiez tout à l'heure.

— Les plénipotentiaires ont parlé ainsi, n'en doutez-pas, prince, balbutia Maurepas, qui vit arriver l'instant de la crise... Mais.... ils n'ont pas convaincu.

— Vous vous trompez, comte, puisque la paix est signée...

— Elle l'est, monseigneur, je suis désespéré de vous le dire, sous la condition expresse que vous choisirez un autre asile que la France.

— Allons, c'est impossible.... Le roi ne peut avoir traité de manière à se couvrir de ridicule aux yeux de l'Europe.

— Monseigneur, je ne dois pas entendre.....

— Eh ! monsieur, le mot de ridicule est

trop doux, c'est celui d'infamie qui conviendrait.

— Croyez que je me garderai bien de redire au roi qu'un gentilhomme né dans ses états s'est permis de tels propos.

— Ah ! parbleu, monsieur le ministre, vous qui savez si bien être subtil, vous venez de me donner beau jeu... Eh ! c'est précisément parce que je suis né sur les terres de France, que le roi ne pourrait consentir à m'en éloigner, quand ses ennemis occuperaient les hauteurs de Montmartre. Savez-vous, monsieur, ce que Louis XIV répondit au cabinet de Saint-James, qui lui demandait l'expulsion de mon aïeul?... « Jacques est mon ami, dit le
« magnanime souverain ; nulle puissance ne
« me contraindra à refuser à cet illustre in-
« fortuné le toit et le pain de l'hospitalité. »
« Et pourtant le traité fut signé... Il fut signé, monsieur.

— Les circonstances ne sont pas les mêmes, reprit Maurepas, qui venait d'entr'ouvrir la porte de la loge, sous prétexte d'y laisser pénétrer un peu d'air. Le roi devait-il donc rompre les conférences d'Aix-la-Chapelle, et achever de ruiner son royaume, parce que votre altesse préfère le séjour de Paris à tout autre.

— Oui, monsieur, je le préfère ce séjour, s'écria Charles-Edouard, en imprimant à ses jambes un mouvement convulsif qui brisa, avec bruit, les bouteilles et les verres cachés sous la banquette; je le préfère... pour l'honneur de la parole du roi, que je sauverai en lui désobéissant, s'il me fait donner l'ordre de quitter le royaume.

— Prince, c'était pour vous épargner un tel ordre que je venais, *à titre d'avis*, vous communiquer l'article du traité d'Aix-la-Chapelle qui vous concerne.

— Eh bien! monsieur de Maurepas, avis pour vous : vous voyez bien ce pistolet, dit le prince en le tirant de sa poche; il est chargé à l'intention du premier exempt qui se présenterait pour m'arrêter.

A l'intervention de cet argument ultra-diplomatique, le ministre de Louis XV s'était trouvé debout et à moitié sorti de la loge, sans que sa volonté fût intervenue pour rien dans ce mouvement de retraite. L'entretien n'étant plus tenable sur ce pied, le ministre, après s'être incliné en silence, se retira.

— Mon cher prince, dit mademoiselle Le Maure dès que Maurepas fut sorti, il n'y a plus sûreté pour vous ici : je connais le prétendu donneur d'avis qui nous quitte ; il est homme à vous faire arrêter aux portes de l'Opéra.

— Il n'oserait...

— C'est le mot du malheureux duc de Guise aux États de Blois ; et cette erreur de son amour-propre l'a fait assassiner. Le corridor sur lequel ouvre cette loge communique avec le théâtre ; venez sans perdre une minute ; nous gagnerons l'entrée particulière des acteurs ; je vous servirai de guide, d'éclaireur. Si votre hôtel est cerné, je le saurai ; et alors nous irons où vous voudrez... dans un hôtel garni, dans un bouge, s'il le faut, aviser à ce qu'il conviendra de faire... venez.

— Moi, fuir, me cacher comme un vagabond.... moi, le fils du roi d'Angleterre.... jamais.... Si les alguazils m'attendent aux portes de ce théâtre, je dois en sortir comme un prince du sang royal, en me faisant jour le pistolet à la main.... Je rentre à mon hôtel ; mes domestiques sont armés ; je soutiens un siège ; si ma maison est forcée, je mets le feu à un baril de poudre, et je saute avec elle... Peut-être que mon cadavre, enterré sur la terre de France, ne fera plus ombrage à l'usurpateur Georges II.

Mademoiselle Le Maure supplia vainement Edouard de renoncer à ce système martial, excité par sept à huit rasades de vin de Champagne; elle résolut au moins de le suivre et de s'attacher à sa fortune ; car elle l'aimait réellement

Les prévisions de l'actrice ne l'avaient point abusée : parvenu dans le vestibule, le prince se trouva pressé par une foule en apparence inoffensive, qui le sépara de mademoiselle Le Maure. Bientôt elle le serra de si près que le mouvement de ses bras lui devint impossible; enfin, cinq à six exempts, déguisés, l'enlevèrent comme un corps saint, et le portèrent dans un carrosse dont les chevaux partirent au galop.

Le surlendemain, Edouard, dans une voiture de voyage, avec sa fidèle amie, et surabondamment escorté, s'acheminait vers la Suisse. La célèbre cantatrice couvrait de baisers les poignets du prince, qui portaient encore les empreintes des cordes avec lesquelles ils avaient été garottés, sans doute durant une résistance désespérée.

Un jeune poète, Desforges, qui se trouvait à l'Opéra au moment de l'arrestation du prince Edouard, composa le lendemain (*facit indignatio*) une pièce de vers véhémente contre cet acte violent; ce qui lui valut huit années de captivité au Mont-Saint-Michel.

. . . . . Dans ce temps-là
C'était déjà com' ça.

Mademoiselle Le Maure ne reparut plus à l'Académie royale de Musique ; apparemment elle se fixa dans quelque chalet de l'Helvétie, et vécut, avec le dernier des Stuarts, du lait de ses brebis et des légumes d'un modeste jardin, cultivé par des mains royales. Du fond de sa retraite, Edouard protesta, au nom de son père, contre le traité d'Aix-la-Chapelle ; mais sa protestation fut emportée dans le tourbillon de la politique européenne, comme le vent de la montagne emportait chaque jour, à ses yeux, les feuilles sèches amoncelées sur le sol. La ville et la cour s'indignèrent pendant huit jours de la déplorable conduite du *bien-aimé* Louis XV ; elles regrettèrent près d'un mois la célèbre cantatrice : laissant remarquer en cela le degrès d'intérêt qu'elles apportaient aux choses graves, relativement aux éléments de leurs plaisirs.... Puis une mode nouvelle ayant soufflé sur le sable des impressions françaises, Edouard et mademoiselle Le Maure furent aussi complètement oubliés que s'ils eussent vécu sous le bon roi Dagobert.

L'année 1751 vit surgir sur la scène de l'Opéra une nouvelle renommée poétique, qui, dans un premier essai, ne s'éleva pas bien haut. On donna *la Guirlande ou les Fleurs enchantées*, petit opéra d'un écrivain qui, trois ans plus tôt, avait débuté malheureusement, sur la scène tragique, par *Denys le tyran*. Ce poète devait cependant tenir un certain rang dans la république des lettres : la *Guirlande* était de Marmontel ; Rameau en avait composé la musique. L'ouvrage fut accueilli froidement ; et nous verrons tout à l'heure cette sorte d'échec confirmé par le *vox populi*, de la manière la plus déchirante pour un pauvre auteur. Marmontel n'avait pas été heureux jusqu'alors : sa tragédie de *Cléopatre*, jouée un an après *Denys*, était tombée comme lui. L'auteur avait eu l'idée de faire faire par le célèbre Vaucanson un aspic mécanique, afin que la reine d'Egypte se donnât la mort corformément au témoignage de l'histoire. Or, lorsque Cléopatre saisit le reptile pour se l'appliquer, il se prit à siffler à la plus grande gloire du mécanicien, mais au plus grand malheur du poète; car tout le parterre fut de l'avis de l'aspic. Revenons à la *Guirlande.*

Marmontel à l'endroit de cette pièce, se conduisait à peu près comme le bon La Fontaine avait fait jadis à l'égard de son *Astrée :* il l'abandonnait à son malheureux sort. Un soir qu'on donnait la *Guirlande,* le poète, ayant pris un fiacre pour se rendre dans le monde, recommanda au cocher d'éviter la place du Palais-Royal, afin de ne pas être retardé par les embarras de voitures. « Oh ! ne craignez « rien, monsieur, répondit le rustre, on « donne la *Guirlande;* il n'y a pas foule à « l'Opéra. Il est cruel, dit un mémorialiste « du temps, de donner vingt-quatre sous à

« un cocher de fiacre pour entendre une cri-
« tique littéraire aussi crue. »

Peut-être Marmontel eût-il végété encore longtemps parmi les poètes incompris du xviiie siècle, si Rameau, chantre accrédité de tous les évènements remarquables que la cour voulait proclamer, n'eût pas associé l'auteur de *Denys et de Cléopatre* à ce genre de courtoitoisie, sur lequel je dois quelques détails à mes lecteurs. Rameau, lors du mariage du dauphin, fut chargé de composer les divertissements de la *princesse de Navarre*, pièce de circonstance ; l'année suivante, il célébra, dans le *Temple de la Gloire*, le triomphe de Fontenoy : célébration qui fut trouvée si imparfaite, qu'il fallut y suppléer par les *Fêtes de Polymnie*. Dans le *Prologue de Mars*, le fameux compositeur solennisa le traité de Vienne, qui ne méritait guère cet honneur. Enfin, ce fut pour *Acante et Céphise*, pastorale héroïque, où la naissance d'un prince était célébrée, que Marmontel travailla en collaboration avec Rameau. La ville de Paris, qui avait alors (1751) l'administration de l'Opéra, déploya, en montant cet ouvrage, une magnificence qu'on n'avait point encore vue : machines, décorations, costumes, tout fut renouvelé à grands frais. Dans l'exécution, Jeliote et mademoiselle Fel, chanteur et cantatrice chéris du public, se surpassèrent eux-mêmes; et les ballets, arrangés par Lany, ne restèrent point au-dessous des autres splendeurs de la mise en scène. A la faveur d'une si magnifique combinaison d'accessoires, le poème de Marmontel fit accepter sa constitution un peu molle, dont Rameau couvrit d'ailleurs les défauts par une musique étourdissante d'intentions imitatives. Dans l'ouverture, le compositeur s'était flatté de peindre, par des sons, les clameurs et les réjouissances du peuple : c'était-là le prologue... A la bonne heure; celui-là, du moins, était exempt de fadeurs apologétiques.

Marmontel se rencontra rarement d'inspirations avec Rameau : de là le peu de succès qu'obtinrent ses opéras jusqu'à l'arrivée de Grétry dans la carrière. Le *Huron*, *Lucile*, *Sylvain*, *Zémire et Azor*, *l'Ami de la Maison*, révélèrent, chez l'auteur malheureux de la *Guirlande*, un génie dont on ne le croyait pas pourvu. Disons par anticipation que Marmontel et Grétry firent ensemble du sentiment, de la grâce, de la gaîté ; mais, jeunes, ni le poète ni le compositeur ne surent occuper dignement la grande scène lyrique. Plus tard, la sphère de leurs conceptions s'agrandit ; leurs pensées s'ennoblirent : *Didon*, l'un de nos beaux opéras, est l'ouvrage de la soixante-unième année de Marmontel ; Grétry était plus âgé lorsqu'il fit la musique d'*Anacréon chez Polycrate*.

Jean-Jacques Rousseau a composé ce délicieux parallèle entre la peinture et la musique : « L'imitation de la peinture est toujours « froide, parce qu'elle manque de cette succession d'idées et d'impressions qui échauffe

« l'âme par degrés, et que tout est dit au pre-
« mier coup-d'œil. La puissance imitative de
« cet art, avec beaucoup d'objets apparents,
« se borne en effet à de très faibles représen-
« tations. C'est un des grands avantages du
« musicien de pouvoir peindre les choses
« qu'on ne saurait entendre, tandis qu'il est
« impossible au peintre de peindre celles
« qu'on ne saurait voir; et le plus grand pro-
« dige d'un art qui n'a d'activité que par ses
« mouvements, est d'en pouvoir former jus-
« qu'à l'image du repos. Le sommeil, le cal-
« me de la nuit, la solitude et le silence mê-
« me entrent dans le nombre des tableaux de
« la musique. Quelquefois le bruit produit
« l'effet du silence, et le silence l'effet du
« bruit; comme quand un homme s'endort
« à une lecture égale et monotone et s'éveille
« à l'instant qu'on se tait; et il en est de mê-
« me pour d'autres effets. Mais l'art à des
« substitutions plus fertiles et bien plus fines
« que celles-ci : il sait exciter par un sens des

« émotions semblables à celles qu'on peut
« exciter par un autre ; et, comme le rapport
« ne peut être sensible que l'impression ne
« soit forte, la peinture, dénuée de cette
« force, rend difficilement à la musique les
« imitations que celle-ci tire d'elle. Que toute
« la nature soit endormie, celui qui la con-
« temple ne dort pas ; et l'art du musicien
« consiste à substituer à l'image insensible
« de l'objet, celle des mouvements que sa pré-
« sence excite dans l'esprit du spectateur. Il
« ne représente pas directement la chose,
« mais il réveille dans notre âme le même
« sentiment qu'on éprouve en la voyant.

« Aussi, bien que le peintre n'ait rien à
« tirer de la partition du musicien, l'habile
« musicien ne sortira point sans fruit de l'a-
« telier du peintre. Non seulement il agitera
« la mer à son gré, excitera les flammes d'un
« incendie, fera couler les ruisseaux, tom-
« ber la pluie et grossir les torrents ; mais il
« augmentera l'horreur d'un désert affreux,

« rembrunira les murs d'une prison souter-
« raine, calmera l'orage, rendra l'air tran-
« quille, le ciel serein, et répandra de l'or-
« chestre une fraîcheur nouvelle sur les bos-
« quets. »

Un écrivain qui explique, qui sent avec autant de vérité le pouvoir de la musique, n'a besoin que de savoir poser des notes sur une portée pour être compositeur, selon les lois les plus irréfragables, celles de la nature, depuis la plus simple expression des mœurs champêtres jusqu'à la plus héroïque explosion des passions. Ainsi nous trouvons, aux deux extrémités de cette échelle de sensations exprimées par l'harmonie indocte, Jean-Jacques Rousseau, dans le *Devin du Village*, Rouget de l'Isle, dans la *Marseillaise*. Pour ne parler que du premier, sa composition, jouée en 1753, et que l'on reprit une ou deux fois chaque année aussi longtemps que la touchante simplicité ne fut pas reléguée parmi les choses vulgaires, est un petit opéra rempli de grâce, de délicatesse, de goût. Les paroles et la musique, nées de la même pensée, combinées par la même imagination, sont du naturel le plus exquis : c'est la gaîté insoucieuse du village, le chant des oiseaux, le bruissement de la feuillée, le murmure d'un ruisseau. Sans doute on peut aisément reconnaître dans tout cela l'absence de l'art : la modulation, qui en est l'essence, manque à la partition de Jean-Jacques Rousseau ; l'harmonie qui s'y trouve a été devinée par le sentiment. Cela ne suffit pas pour satisfaire le juge méthodiste ; mais la flamme du génie est là, et le public s'en laisse embraser, sans trop se soucier des règles qu'elle consume. Tel fut, en 1753, l'effet que produisit le *Devin du Village*. La ville et la cour virent cette œuvre du poète-compositeur avec un plaisir qui ramena plusieurs fois les mêmes spectateurs à l'Opéra ; les musiciens eux-mêmes l'admiraient, et le témoignage favorable de la jalousie n'est pas suspect.

A la première représentation de l'opéra de Rousseau, les partisans de la musique française et ceux de l'harmonie italienne s'agitaient dans le parterre, et les premiers avaient grande envie de siffler la pièce, qu'ils savaient être d'un partisan de la musique ultramontaine. Une sentinelle, en faction près de là, s'approcha des discoureurs et leur prescrivit de se taire. — Monsieur est donc *Bouffoniste*, dit un des Lullistes avec chaleur… Stupéfait de ce mot inconnu, le soldat garda un moment le silence; puis il répondit : Non, monsieur, je suis garde-française.

Cependant ni le *Devin du Village*, ni les autres opéras joués depuis quelques années, ne faisaient couler le Pactole dans les régions de l'Académie royale de Musique ; or, n'étant pas heureuse, elle redevint chicanière; et ce fut la Comédie-Française qu'elle attaqua à la fin de 1755. « L'Opéra, orgueilleux suzerain des
« théâtres de Paris, dit un critique contem-
« porain, voit avec dépit la fortune leur sou-

« sourire. Depuis longtemps déjà cette haute
« puissance tentait, par ambassadeur, d'in-
« terdire les danses à la Comédie-Française,
« lorsque, désespérant de réussir par ce
« moyen diplomatique, l'Opéra déclara enfin
« la guerre à sa rivale, et lui fit défendre,
« par huissier, l'exécution des ballets. Le
« Théâtre-Français ramassa le gant: la mous-
« queterie des cédules, des sommations, des
« requêtes, obscurcit l'horizon dramatique;
« les hostilités pouvaient se prolonger, et les
« plaisirs de la cour en souffrir. Madame de
« Pompadour ouvrit, au mois d'octobre der-
« nier, un congrès dans son boudoir; les par-
« ties belligérantes y comparurent. La cause
« de l'Opéra était celle d'un conquérant or-
« gueilleux qui veut tout soumettre à son
« pouvoir ; mais ses prétentions n'eussent été
« soutenables qu'autant qu'il eût pu, en réu-
« nissant tous les droits, satisfaire à tous les
« goûts ; et l'expérience journalière des mâ-
« choires bâillantes attestait éloquemment le

« contraire. La marquise se sentait déjà dis-
« posée à donner raison aux comédiens fran-
« çais, quand l'orateur de la troupe, ayant
« pris à son tour la parole, posa cet argument
« ingénu, et qui sentait passablement le ter-
« roir comique: « Madame, les pièces moder-
« nes sont si mauvaises que, sans les ballets,
« la plupart tomberaient. La *cabriole* aide
« beaucoup à la déclamation... Je vous pré-
« viens que si l'on nous ôte la danse, on nous
« coupe la parole. »

« La marquise promit aux comédiens de
« leur conserver la *cabriole*, dont ils venaient
« d'établir si péremptoirement la nécessité.
« On pense bien que les danseurs se montrè-
« rent fiers du jugement, déclaré sans ap-
« pel, qui confirmait la haute opinion qu'ils
« ont toujours eue de l'esprit de leurs jam-
« bes. Pour les poètes, ils durent se montrer
« un peu moins satisfaits du discrédit dans
« lequel était tombé l'esprit siégeant dans
« leur tête. »

La *cabriole*, dont l'avantage n'était alors proclamé que dans un cercle comique, est devenue d'un succès si général de nos jours, qu'en cabriolant avec beaucoup d'adresse, avec plus de souplesse encore, on est certain de parvenir à tout.

XI.

LE Cie DE ST-GERMAIN — MARMONTEL — ANECDOTES.

Il y avait longtemps que les principaux acteurs de l'Opéra étaient convaincus, en 1754, que la réforme des costumes au théâtre devenait d'une nécessité impérieuse, pour que le premier spectacle du monde fût de tout point digne de sa réputation. Mais le public en général, et ceci constitue un triste aveu, ne comprenait encore l'imitation qu'autant qu'elle se rapportait à ce qu'il voyait tous les jours, sans recourir à l'étude. Le costume historique, que les gens de goût réclamaient à grands cris, eût choqué les spectateurs, qui, dans les intolérables anachronismes étalés à leurs regards, retrouvaient avec plaisir sur la scène les modes qu'ils affectionnaient, ou saisissaient au théâtre des types nouveaux pour le monde réel. L'accoutrement fantastique imaginé par le caprice d'une actrice en renom, pour représenter quelque dame d'Athènes ou de Sparte, passait à la toilette des marquises du faubourg Saint-Germain, qui, certes ! n'étaient pas grecques ; les demoiselles modistes, copistes des nymphes *du magasin*, s'habillaient en vestales... d'Opéra, c'est-à-dire avec une prodigalité de charmes très peu confirmative des continences du temple de Vesta ; enfin, les petits-maîtres de Versailles, charmés de la frisure bichonnée des héros antiques, due à l'imaginative d'un perruquier de la rue Saint-Honoré, s'en prévalaient au petit-lever, et se donnaient des airs de *Persée* ou d'*Achille*, avec leurs talons rouges et l'aiguille à tricoter qu'ils portaient au côté. L'habitude, cette insouciante léthargie de l'âme qui étouffe l'étincelle de tout progrès, laissait l'art imitatif le plus heureux, l'art théâtral, déshonoré par une friperie ridicule.

Le Kain et mademoiselle Clairon avaient voulu tenter à la Comédie-Française la révolution du costume ; « mais avant d'opérer cette
« grande réforme, leur avait dit Voltaire lui-
« même, ayez soin d'en raisonner dans les cer-
« cles de Paris. Je sais tout ce que vous pouvez
« alléguer en faveur de votre projet : j'ai com-
« pris, comme vous, que le spectacle devien-
« dra, non seulement plus vrai, mais encore
« plus pompeux, plus flatteur par la diversité
« des ajustements : la raison surtout exige un
« rapport satisfaisant entre l'appareil offert
« aux yeux et l'intérêt qui cherche le chemin

« du cœur, quand même la vérité scénique ne
« serait pas un besoin pour la vue comme
« pour l'âme. Mais il faudrait savoir, avant
« tout, si, au jugement du public, l'exacti-
« tude des habits ne nuira pas à la majesté
« théâtrale. Bien ou mal comprise, nous y
« tenons beaucoup, nous autres Français, et,
« s'il faut tout dire, nous aimons mieux au
« théâtre une vérité élégante qu'une vérité
« rigoureuse. Je vous le répète, il faut tâter
« le public avant de rien changer à ses habi-
« tudes, ou, si vous voulez, à la paresse de
« son esprit, qui dort si moelleusement sur
« l'oreiller de l'ignorance. » Le Kain et mademoiselle Clairon sentirent toute la justesse
du raisonnement d'Arouet; la réforme, à
quelques puérilités près, en resta là. Or, lorsque le premier spectacle national gardait le
statu quo, il n'appartenait pas à un théâtre
où l'imagination et le caprice sont les premières divinités lares, d'opérer la révolution
ajournée à la Comédie-Française. A l'un et

l'autre spectacle, *Auguste* continua de paraître costumé en lieutenant-général des armées du roi ; *Hermione* fit tailler ses robes sur les patrons adoptés par madame de Pompadour ; *Poliphonte*, au grand déplaisir du sublime auteur de *Merepe*, parut coiffé d'un chapeau bordé d'un galon d'or, avec un énorme panache rouge, et duquel s'échappait une volumineuse perruque, poudrée à blanc. *Castor et Pollux* demeurèrent fidèles aux bas rouges roulés au-dessus du genou, au juste-au-corps gris de lin doublé et bordé de rose, et aux gants jaunes garnis de franges d'or. L'héroïque fils de Thésée paraissait à son heure suprême, en casaque bleu-céleste doublée de satin blanc, et dont les basques s'arrondissaient sur deux gentils paniers, appelés *Tonnelets*.

Par respect pour l'habitude, il fallait, lorsqu'une princesse et sa confidente entraient en scène, attendre, pour s'identifier avec l'action dramatique, que ces dames eussent arrangé autour d'elles, avec un *frou frou* désespérant, l'amas d'étoffes dont elles étaient couvertes ; et , grâce aux précautions dues à cet échafaudage d'atours, l'art avait beaucoup de ménagements à garder. La passion devait mesurer sa pantomime de telle sorte, que la chaleur du dialogue, du récitatif, du chant prévînt le choc des paniers, qui donnaient à la circonférence des actrices un immense développement. Toute situation, même dans l'entraînement le plus excentrique, était tenue de permettre le coup de pied artistique qui rejetait en arrière l'incommensurable queue de la robe. Plus d'une actrice a fait, tragiquement parlant, une chûte pour s'être embarrassé les jambes dans cette malencontreuse queue, et s'être laissé tomber physiquement sur les planches, avec un surcroît de malheur que vous devinez.

A l'époque où nous sommes parvenus, deux cavaliers causaient un jour dans le foyer de l'Opéra avec beaucoup d'animation. L'un d'eux était un homme de trente à trente-deux ans, d'une physionomie douce, pateline même, et dont le galbe arrondi se prêtait peu à l'expression des passions fortes. Sa taille ne se faisait remarquer ni par les proportions ni par les formes ; sa démarche était comme embarrassée, hésitante ; en un mot, rien dans l'ensemble de ce physique ne révélait l'aptitude aux grandes choses. Ce personnage se nommait Marmontel. Son interlocuteur, âgé d'environ quarante-cinq ans, était d'une taille moyenne, d'une tournure élégante ; son teint brun, ses cheveux noirs, l'étincellement de son regard et l'extrême mobilité de ses traits, imprimaient à sa physionomie un mélange de noblesse, d'âpreté, de sarcasme et de finesse, qui frappait et imposait. La mise de cet homme annonçait un goût sans recherche, sans prétention au faste ; et cependant il portait sur lui une inestimable profusion de diamans. Il en avait à tous les doigts ; sa montre, sa tabatière en étaient garnies ; ses boucles de souliers seules valaient deux cents mille livres. A cette surprenante exhibition de pierreries, on reconnaissait tout d'abord le comte de Saint-Germain.

— Non, monsieur, disait-il à Marmontel, je ne suis point du même avis que monsieur de Voltaire sur l'inopportunité de la réforme dans le costume théâtral, et ce n'est pas l'unique sujet sur lequel nous différions d'opinion.

— Je le conçois parfaitement, répondit celui qu'on appelait déjà *le petit bel esprit*, et auquel Voltaire n'avait accordé, dans une entrevue à deux, tenue bien secrète, qu'une dose très légère de capacité poétique... Quelque vaste espace que l'esprit de cet homme supérieur offre aux lumières, poursuivit l'auteur de *Cléopatre*, elles ne peuvent pas toutes y tenir.

— J'étais certain de vous entendre parler ainsi, reprit l'homme du mystère avec son sourire sarcastique, et je sais la raison de votre façon de penser à cet égard.

— Vous savez, monsieur...

— Que Voltaire, à grand tort assurément, s'est montré plus que parcimonieux d'éloges sur votre talent.

Marmontel s'arrêta tout court, et regardant Saint-Germain en face, il reprit : en vérité, monsieur le comte, vous me feriez croire aux enchanteurs.

— Le monde, qui ne sait rien expliquer, dit Saint-Germain en haussant les épaules, est prompt à justifier son ignorance, en supposant à des intelligences assez ordinaires une portée surnaturelle ; et vraiment, ajouta le comte, rien n'est plus simple que la connaissance des entretiens à huis clos. Mais nous parlions, je crois, d'une révolution dans le costume théâtral.

— Que vous déclariez nécessaire, contre l'avis de notre premier tragique...

— Ah ! dites le second, je vous en prie : pour celui qui a vu les *Sémiramis*, les *Brutus*, les *Catilina*, les *César*, les ressources de messieurs les tragiques modernes sont bien drôles, en vérité ; mais le genre de Crébillon est un peu moins risible que celui de Voltaire.

— Je ne vous comprends pas, monsieur le comte : ceux qui ont vu ces grands personnages ont emporté dans la tombe le jugement de leurs yeux.

— Est-ce qu'il y a des règles sans exceptions ?

— Mais je ne pense pas que la mort ait encore épargné personne.

— Les erreurs longtemps accréditées finissent par devenir des vérités absolues pour la multitude... Revenant au costume historique, je vous dirai qu'au cours des idées que vous appelez poétiques, ce serait le seul point d'imitation fidèle des hommes de l'antiquité et du moyen-âge sur nos théâtres.

— Ce jugement est bien sévère.

— Eh ! non, monsieur ; c'est l'étude des temps passés qui a toujours posé sur des bases fausses. On n'a pas voulu considérer que si les poètes de l'antiquité, par exemple, devaient, en chantant les héros, en faire une nature d'élite, les premiers dramatistes qui les ont peints, les ont reproduits tels qu'ils étaient. Lisez Euripide et Aristophane dans leur texte, et vous verrez combien vos échasses tragiques sont ridicules... Sans naturel, monsieur, il ne peut exister de fidélité dramatique... que de fois nous en avons causé avec Sénèque, dans l'*atrium* du temple de Vesta.

Ici Marmontel recula de deux pas.... Sans s'arrêter à ce mouvement d'indicible surprise, Saint-Germain continua :

— Et quant à l'opinion émise par monsieur de Voltaire sur le respect dû, suivant lui, aux habitudes du public, je ne connais rien en morale de plus faux... Qui donc formera le jugement des masses et lui imprimera une sage direction, si les écrivains, ces précepteurs naturels de la société, loin de remplir cette noble tâche, se couchent sur le lit de la paresse publique, et s'endorment avec elle... Croyez-moi, monsieur, l'intelligence porte un flambeau pour en répandre la lumière, après l'avoir purgée, toutefois, des flammèches de la prévention qui, certes ! est la plus dangereuse des erreurs.

« Quand messieurs les directeurs de l'Opéra le voudront, poursuivit Saint-Germain négligemment, je leur communiquerai les dessins des costumes de tous les temps, chez toutes les nations : ..... ils ont été copiés d'après nature par la même main. »

— Par la même main, s'exclama Marmontel....

— Oui, c'est un passe-temps qu'on s'est procuré... Je vous assure que ces croquis ont été utiles à Apelles, qui n'avait aucune idée du vêtement des prêtres de Memphis... Beaucoup plus tard, Michel-Ange et Raphaël ont fait leur profit de ces dessins, avec les conseils de l'auteur, s'entend.

Depuis un instant le poète du Limosin était

hors de lui : le ton du plus simple naturel avec lequel M. de Saint-Germain disait des choses prodigieuses ; la faculté divinatoire qu'il avait laissé remarquer; les exceptions de mortalité qu'il semblait admettre, tout contribuait à confondre Marmontel... Il a répété plusieurs fois depuis que si son entretien avec cet homme singulier n'eût pas eu lieu au milieu d'une circulation incessante de spectateurs, il se serait mal défendu de la peur d'être emporté par le diable, auquel il n'avait pas cru jusqu'alors.

— Ainsi, mon cher monsieur Marmontel, reprit en souriant le comte, si je ne vous croyais pas passablement prévenu contre M. de Voltaire, je vous conseillerais, tout en admirant sa prose enchanteresse, et la portion de sa poésie qui vit de cette substance à fleur de génie, qu'on appelle de l'esprit ; je vous conseillerais, dis-je, de récuser sa pompe tragique, si vous voulez être vrai ; et surtout de vous défier de ce qu'il nomme sa phi-

losophie, s'il vous convient d'être juste...
Bonsoir, monsieur Marmontel.

A ces mots, le comte prit congé du poète, et se perdit dans la foule des seigneurs, qui, au commencement d'un entr'acte remplirent le foyer.

En 1754, on reprit le ballet des *Élémens*. Alors Roy, auteur des paroles, déjà vieux, cloué sur son fauteuil par la goutte, commençait à tourner ses espérances vers une autre vie : le curé de sa paroisse avait pris beaucoup d'empire sur cette âme, engagée dans les voies du salut. Il lui montrait les trésors de l'éternité, au prix du reniement des choses profanes qui avaient fait sa gloire : Bref, l'écrivain jadis très-mondain était devenu dévot. Or, au moment de la reprise des *Élémens*, le maître de ballets Lany, qui n'avait jamais vu la pièce, ne savait trop comment disposer la partie chorégraphique, afin de rester dans l'esprit de l'ouvrage. Pour sortir de cet embarras, il prit le parti d'aller voir l'auteur.

— Bonjour, mon cher Lany, dit le poète en le voyant entrer; vous venez visiter le pauvre malade, et je suis bien sensible à votre attention.

—Depuis que vous ne venez plus au théâtre, monsieur le chevalier (Roy était décoré de l'ordre de Saint-Michel), nous sommes bien privés, et chacun de nous a le désir de vous revoir...

—Merci, merci, mes bons amis; mais vous êtes tous excommuniés, voyez-vous...

— Oui, monsieur le chevalier; mais excommuniés royaux... et cela rachète quelque chose du péché.

—Sans doute, sans doute, et je vous vois avec plaisir... pas les femmes... Ah! mon bon Lany, les femmes! quel travail elles donnent à ma pauvre conscience, sans compter.... Ahïe! Et Roy se prit la jambe droite à deux mains, comme pour comprimer une douleur de goutte aiguë.

— Vous savez, monsieur Roy, que l'on reprend votre opéra des *Éléments*.... un chef-d'œuvre qui mériterait de n'être représenté que par des princes; mais les divertissements...

— Ne m'en parlez pas, Lany; je me repends tant que je puis de cet ouvrage immortel.

— Je voudrais seulement vous prier...

— Assez, assez, interrompit lamentablement le poète en travail de salut; ne vous attendez pas que je vous donne les éclaircissements que vous venez me demander... Je parie que l'on va gâter cet admirable opéra.

— C'est pour éviter ce malheur que j'espérais...

— Non, non, n'espérez rien : voulez-vous que, dans l'état où je suis, je songe *aux Éléments?* Faites comme vous l'entendrez; mais ne pensez pas que je m'en mêle jamais.

— C'est que, reprit doucement Lany, on veut que, dans le prologue, je fasse danser les génies aériens, et je voudrais les réserver pour l'acte d'Ixion.

— Ah ! monsieur Lany, gardez-vous-en bien ; je veux que les quatre éléments soient figurés dans le prologue... Songez qu'ils sont l'essence du sujet. Mon prologue est le chaos ; composez votre ballet de l'acte d'Ixion, d'Isis et de la suite de cette déesse... C'est mon intention : au moins n'y manquez pas !... Mais de quoi me parlez-vous-là, mon cher ami... Je vous dis que vous ne tirerez rien de moi sur ces choses damnables...

Le maître de ballets continua cependant ; et d'acte en acte, de divertissement en divertissement, Roy lui dit tout, en affirmant qu'il ne lui dirait rien. Il est vrai qu'il mêlait toujours à ses instructions des soupirs et des regrets donnés à l'existence d'un poëme qui devait être joué éternellement, disait-il, par un élan d'orgueil bien plus peccable que l'entretien qu'il prétendait éviter. Enfin, le poète ajouta :

— Tranchez là-dessus, monsieur Lany, je suis muet sur tout cela... Je ne veux plus penser qu'à Dieu, qui est mort sur la croix que vous voyez là... dit-il en montrant celle de son ordre de Saint-Michel... Et se laissant dominer une dernière fois par l'orgueil du poète, Roy ajouta.... Surtout, mon bon Lany, soignez bien les entrées... *Pater noster...*

Malgré les efforts d'une multitude de poètes, sur lesquels primaient Bernard et Marmontel, sans grand profit pour l'Opéra, ce théâtre languissait. Le premier de ces écrivains, depuis *Castor et Pollux*, n'avait rien composé de remarquable, jusqu'en 1757, pour la scène lyrique. *Anacréon*, donné par lui en 1747, s'était traîné sans succès et éteint sans bruit, malgré la musique de Rameau : l'auteur de l'*Art d'Aimer* avait bien mal reconnu les inspirations empruntées à la muse du chantre de Théos. *Les Surprises de l'Amour*, jouées dix ans plus tard, ne furent pas plus heureuses, et Rameau ne les soutint pas mieux qu'il n'avait protégé *Anacréon*. Le poète à qui Voltaire écrivit de la part d'une belle princesse :

> Au nom du Pinde et de Cythère,
> Gentil Bernard est averti,
> Que l'*art d'aimer* doit samedi
> Venir souper chez l'art de plaire,

crut, durant toute sa carrière, avoir professé trop éloquemment sa doctrine, et l'avoir mise en pratique avec trop d'avantage, pour se donner la peine de mériter des succès, au moins au théâtre. Mais le public ne se compose pas que de femmes, et les titres que Bernard croyait s'être acquis auprès du sexe, ne devaient pas lui tenir lieu de droits à l'Opéra, après le lever du rideau. Les *Surprises de l'Amour* n'amusèrent personne, et tombèrent bientôt dans le fleuve d'oubli, où le pauvre Anacréon s'était noyé.

Le *Devin du Village* se soutenait; mais il ne pouvait, à lui seul, faire le sort de l'Opéra. Rameau, Dauvergne, Mondonville, et une fourmillère de petits musiciens accumulaient en vain notes sur notes, pour rappeler la vogue; il fallut recourir au moyen ordinaire, les reprises, dont le succès fut souvent nul ; ce qui fit dire à un clerc de procureur, amant d'une ravaudeuse, que ces reprises étaient des *reprises perdues*. Les *Fêtes de Polymnie*, de l'abbé Cahusac et de Rameau, firent partie de ce bagage emprunté à l'ancien répertoire. Comme dans sa nouveauté, cet opéra fut à peine écouté. Cette remise au théâtre me rappelle un mot du poète Roy, dit le lendemain de la première représention, tandis qu'il entendait la messe aux Petits-Pères. Un enfant de trois ans sifflait derrière lui sur les genoux de sa bonne... Roy se retourne et dit à cette fille : « Défendez à ce marmot de siffler : ce « n'est pas Cahusac qui dit la messe... » C'était de la malice perdue, et en quel lieu !...

Pour second recours, on en revint aux *fragments ;* mais cet expédient avait été employé si souvent ; les vieux chefs-d'œuvre s'étaient reproduits tant de fois, qu'on ne les entendait plus avec le même plaisir. « Les « ouvrages remis au théâtre, disait un habi-

« tué de l'Opéra, peuvent être comparés aux
« chapons du Maine : rôtis à point et servis
« chauds, ils sont délicieux... Mais que vou-
« lez-vous qu'il leur reste de saveur, quand ils
« ont été remis trois ou quatre fois à la bro-
« che. »

Mondonville, qui voulait à tout prix se faire chanter, s'imagina d'un expédient auquel du moins on ne put refuser le mérite de la nouveauté : ce fut de faire représenter à l'Opéra *Daphnis* et *Alcimadure,* pastorale en patois Languedocien, dont il avait composé les paroles et la musique. Mondonville était gascon, ce trait de son pays passa durant quelques jours pour une piquante nouveauté ; puis de très-grandes dames, auxquelles on avait dit que le sujet était fort tendre, et qui voulaient qu'en fait d'amour, on leur parlât français, firent prier le poète-musicien de traduire son opéra. Notre compositeur, toujours dominé par sa vanité gasconne, la plus robuste des vanités connues, ne voulut confier à personne le soin de cette traduction, il l'entreprit et l'acheva lui-même. Le *Mercure* annonça long-temps d'avance et à diverses reprises *Daphnis* et *Alcimadure*, avec un poème français, et le public si bien prévenu courut à la première représentation. Dans quelle proportion le musicien était-il devenu poète ? Vous en allez juger... A la fin du premier acte, le duc de Richelieu, ayant rencontré Mondonville dans le foyer des acteurs, s'approcha de lui, et lui frappant sur l'épaule, « Mon cher « maître, lui dit-il, vous aviez promis de « faire traduire votre opéra en français.... » Il n'y avait qu'une réponse à faire à un pareil sarcasme, c'était un soufflet... Mais le pauvre musicien avait affaire au vainqueur de Mahon, maréchal de France, et de plus porteur d'une épée qu'il maniait fort dextrement. Il s'éloigna, après avoir articulé un monseigneur... qui n'eût pas de suite... Le soir, Mondonville racontait humblement cette aventure à Piron... « Ah ! morbleu, s'écria l'écrivain caustique, si j'avais été à votre place, je lui aurais répondu : « Monseigneur, j'ai étudié la grammaire dans vos écrits. » Mais la réplique avait manqué au musicien, tout gascon qu'il était, et le mot de Richelieu fit fortune dans le monde.

En 1758, Mondonville fit jouer à l'Opéra les *Fêtes de Paphos*; mais sagement conseillé, cette fois, par son malheureux essai poétique, il n'avait point composé les paroles de ce ballet-héroïque. Bien plus et comme pour obtenir une triple compensation de son échec, il s'était adressé à trois auteurs pour avoir un poème. Un seul fut nommé : C'était Collé ; les autres gardèrent l'incognito. L'épigramme suivante prouve qu'ils firent bien.

>Deux petits duos misérables,
>Des cabrioles de Lutins,
>Que le public trouve admirables,
>De petits minois enfantins ;
>Point de musique instrumentale ;
>Beaucoup d'insipides langueurs
>Qu'avec emphrase l'on étale ;

Un gros tapage qui fait peur ;
Des paroles, suivant l'usage,
Sans rimes, sans sel, sans raison ;
Dont l'auteur nous paraît très sage
De n'avoir pas donné son nom ;
Peu de ballets, point d'ouverture,
Voilà de l'opéra nouveau
L'exacte et naïve peinture ;
Je vous demande s'il est beau.

Depuis huit à dix ans, l'Opéra avait perdu un assez grand nombre de sujets : mademoiselle Le Maure s'était faite, comme je l'ai dit ailleurs, quelque chose comme bergère des Alpes, pour s'attacher à la fortune de Charles-Edouard Stuart. Mademoiselle Pellissier était morte ; mademoiselle Camargo vivait toujours ; mais, hélas ! elle ne dansait plus. Toute la gloire de cette actrice, qui, longtemps, avait fait palpiter tant de cœurs sensibles, s'était réfugiée dans la réputation de son pied, le plus joli qu'on eût admiré de mémoire d'homme. Le cordonnier qui chaussait cette danseuse émérite fit une grande fortune par la vogue que lui donnèrent les *souliers à la Camargo*. La nymphe au joli pied avait quitté le théâtre, éclipsée, il faut bien le dire, par la célèbre Sallé. Vainement Voltaire avait-il espéré maintenir ensemble sur l'horizon ces deux astres éclatants, en leur décernant de petits éloges rimés comme celui-ci :

Ah ! Camargo ! que vous êtes brillante !
Mais que Sallé, grands dieux ! est ravissante.
Que vos pas sont légers, et que les siens sont doux !
Elle est inimitable, et vous êtes nouvelle ;
Les nymphes sautent comme vous ;
Mais les Graces dansent comme elle.

Mademoiselle Camargo céda la place à sa rivale avec douceur, avec résignation, et se fût fait oublier dans l'état obscur d'honnête femme, si elle n'avait pas eu un joli petit pied pour soutenir sa renommée. Enfin mademoiselle Sallé elle-même ne dansait plus en 1758 ; et comme son pied n'était pas aussi joli que celui de mademoiselle Camargo, elle se vit contrainte de faire un bout de passion pour que le public songeât quelquefois à elle, en lui décochant quelques traits de médisance. Mademoiselle Prevost s'était depuis longtemps retirée de l'Opéra, dévorée d'envie et furieuse d'avoir été doublement éclipsée par mesdemoiselles Sallé et Camargo. Parmi les danseurs, Laval et Lany vieillissaient, Dumoulin perdait de sa souplesse; mais Dupré, qui devait donner au monde chorégraphique le premier des Vestris, Dupré faisait les délices des spectateurs.

Le chant avait faibli : les Chassé, les Dumeni, les Thevenard n'avaient eu qu'un successeur dont le talent eût égalé et même surpassé le leur : c'était Jeliote. Mais cet acteur, longtemps accablé de rôles et de bonnes fortunes, avait songé dès 1755 à se retirer; il resta pourtant à l'Académie royale de Musique, mais depuis lors il ne chanta que rarement. Quant aux cantatrices, elles étaient généralement faibles en 1760, ce qui n'empêcha pas

Rameau de monter *les Paladins*, opéra d'un écrivain anonyme, qui fut joué sans succès.

Une remarque que nous n'avons point encore faite, c'est que jamais Rameau ne rechercha les bons poèmes : il avait pris des Italiens cette opinion saugrenue que, pour un opéra, le drame n'est rien, et que l'harmonie est tout : ce qui équivaut à dire que l'harmonie, relativement au sujet traité par le poète, est ce qu'elle veut. Aussi, depuis que nous ne voulons plus que de la musique italienne, sommes-nous tous les jours frappés de l'incohérence des paroles avec la musique ; et je pourrais citer vingt *libretti* où le drame pleure tandis que la mélodie chante sur le ton le plus allègre. Il faut être *dilettanti* forcené pour approuver cette hérésie dans le concours de deux arts qui manquent leur but, s'ils ne se réunissent pas pour exprimer une situation.

Les Paladins étaient conçus dans ce mépris de la poésie ; or, pendant une répétition, Rameau disait à chaque instant à mademoiselle

Cartau, qui jouait un des principaux rôles :
« Allez plus vite, mademoiselle. — Mais,
« monsieur, répondait-elle, si je presse mon
« débit, on n'entendra pas les paroles. — Et
« qu'importe reprit le compositeur, il suffit
« qu'on entende ma musique. » Quelques
jours après, Rameau, causant avec Rebel de
l'insuccès de sa pièce, assurait qu'on ne s'était
pas donné le temps de goûter la musique....
Puis faisant allusion au goût encore peu prononcé dans le public pour la mélodie italienne,
il ajouta : « La poire n'est pas mure..... —
« Cela ne l'a pourtant pas empêché de tom-
« ber, » dit mademoiselle Cartau en passant
près du musicien.

Dans les moments de détresse où l'art s'efforce vainement d'occuper l'esprit et d'intéresser le cœur, il est rare qu'il ne cherche pas
à éblouir la vue. On avait donné, en 1749,
l'opéra *de Zoroastre*, paroles de Cahusac, musique de Rameau ; le succès de cette pièce
avait été pâle, malgré la danse de mademoi-

selle Lyonnais, qui s'était fait admirer dans le rôle de *la Haine.* Les charmes, et surtout les poses voluptueuses de cette actrice, avaient produit un tel effet sur les imaginations inflammables, que, le lendemain de la première représentation, *vingt Amours* frappaient à la porte de *la Haine...* D'autres se révélaient dans des lettres incandescentes : l'une d'elles renfermait ce madrigal :

Charmante Lyonnais, dans le triste séjour
    Où l'art d'Abramane t'entraîne,
Tu fais de vains efforts pour inspirer la haine ;
    Tes yeux n'inspirent que l'amour.
En monstres tels que toi si le Ténare abonde,
    Tout va changer dans l'univers ;
    Et l'on verra bientôt le monde
Chercher les cieux dans les enfers.

Zoroastre s'était soutenu par une décoration qui surpassait en magnificence tout ce qu'on avait vu alors. « L'architecture du cin-
« quième acte, disaient alors les auteurs du
« *Mercure*, représente un temple superbe,

« dont les colonnes cannelées sont d'or, et
« ornées de quantité d'escarboucles et de ru-
« bis, qui jettent un éclat pareil à celui du feu
« le plus brillant et le plus vif. Les colonnes,
« posées sur des bases d'or et surmontées
« par des chapitaux de ce métal précieux,
« portent des voûtes ornées de mosaïques,
« dont le fond vert est relevé par des com-
« partiments d'or et d'argent, qui offrent un
« coup-d'œil admirable. Un dôme, dont la
« grandeur et la hauteur paraissent immen-
« ses, forme le sanctuaire, qui est séparé du
« reste de l'édifice par une balustrade d'or;
« et au milieu de ce sanctuaire est un magni-
« que autel sur lequel brûle le feu sacré. En-
« fin, aux deux côtés du temple, on aperçoit
« de longues galeries ornées de guirlandes
« de lauriers, de myrtes et de fleurs. C'est
« dans ce temple que se fait la cérémonie du
« couronnement et du mariage de Zoroas-
« tre. »

Ce fut surtout pour montrer cette mirobolante décoration que l'on remit, en 1660, l'opéra de Zoroastre, peu goûté, à son apparition. La tentative fut heureuse ; on courut, trois semaines durant, à l'Opéra, pour voir le *Temple du Soleil :* cette reprise jeta quelques milliers d'écus dans la caisse. Je dois faire remarquer à ce sujet que la peinture en décorations avait fait un pas immense depuis l'année 1720 ; ce progrès était dû, en grande partie, au régent, qui, bon connaisseur en toutes choses, s'indignait chaque fois qu'il voyait les *plates* magnificences étalées sur la scène d'un théâtre portant le nom d'Académie. Son altesse ordonna que des artistes fussent chargés, non seulement de dessiner les modèles des décorations, mais encore d'en diriger l'exécution. En 1749 donc, la peinture théâtrale était déjà un art : on peut le reconnaître à la description que j'ai copiée plus haut. Cependant le mauvais goût n'était pas encore suffisamment réprimé, pour que le peintre sût remplacer l'abus du clinquant par les véritables ressources de l'art, tels que les artifices de la perspective, la sage opposition des ombres et de la lumière : le clair-obscur, sur une grande échelle, était encore timide et indécis.

Disons en terminant ce chapitre, que l'Opéra, pour un moment appauvri de sujets, et plus encore, en vérité, d'ouvrages dignes de sa haute mission, voyait heureusement poindre a l'horizon de ses espérances, des astres nouveaux qui lui promettaient de plus heureuses destinées. Duni, Philidor, Monsigny, Gossec et Rodolphe, en s'essayant à l'Opéra-Comique, promettaient à notre première scène lyrique des recrues capables de relever sa gloire, au moment où l'auréole de Rameau pâlissait. On pouvait espérer, d'un autre côté, que le poème, par le concours de ces harmonistes avec Marmontel, Voisenon, Bernard, Le Franc de Pompignan, Saint-Foix, Poinsinet, etc., rentrerait dans les sentiers tracés par Quinault, et dont il s'était éloigné depuis trop longtemps.

La danse, vers 1760, commençait à devenir un art, grâce à l'enseignement de Dupré : ce maître de ballets, par son heureuse théorie, savamment démontrée, allait bientôt donner Vestris à l'Opéra, comme Vien, beaucoup plus tard, donna David à la peinture. Une remarque que je ne dois point omettre, c'est que, depuis quelques années, une entente mythologique admirable avait été introduite dans les ballets, par les Lany, les Dumoulin, les Dupré, sans la moindre participation des écrivains : il y avait, en général, dans ces conceptions, beaucoup plus de poésie que dans ce qu'on appelait les poèmes ; et cette partie des opéras échappait aux coupures du compositeur, ce qui n'était pas un médiocre avantage.

XII.

Mlles ARNOUX, GUIMARD, ALLARD — VESTRIS Ier. — INTRIGUES — INCENDIE.

En 1760, quelques talents que leur âge, et plus encore l'habitude, devaient pâlir dans les opinions du public, se produisaient assez rarement à l'Opéra. Jeliotte et mademoiselle Chevalier se faisaient désirer; mademoiselle Le Maure, actrice pleine de chaleur, cantatrice puissante, ne reparaissait plus, et occupait de son mieux, en Suisse, l'amour-bibron du prince Edouard. La danse, parmi les femmes, offrait beaucoup d'amirables minois, faisait battre les cœurs par milliers, pour des formes enchanteresses; mais l'exécution baissait: mesdemoiselles Prevost, Petitpas, Sallé et Camargo n'avaient point été remplacées; Dupré et Lany, ces deux athlètes si longtemps admirés pour la vigueur de leur jarret, ne brillaient alors que dans les compositions chorégraphiques : ils faisaient danser ; ils ne dansaient plus... Mais l'un et l'autre promettaient à la scène lyrique deux gloires, que nous y verrons rayonner tout à l'heure.

Or, des sujets inconnus ou vulgaires, en 1760, étaient devenus célèbres deux ans plus tard. Mademoiselle Arnoux, excellente cantatrice, actrice charmante au physique, sensible, passionnée, douée enfin d'une admirable mobilité de talent; mademoiselle Arnoux femme spirituelle au delà de tout éloge, avait abordé, avec autant de bonheur que de hardiesse, les premiers rôles : elle jouait d'une manière supérieure *Armide*, type traditionnel de l'emploi. Mademoiselle Lemierre, d'autres disent Lemier, n'était pas moins bien accueillie dans les jeunes-amoureuses : son naturel, ses accents tendres et onctueux, la flexibilité de sa voix, et surtout le goût qui assaisonnait tout cela, faisaient les délices des amateurs. « Sa voix, disaient les rédacteurs du *Mercure*, « est une magie continuelle : c'est tour à tour « un rossignol qui chante, un ruisseau qui « murmure, un zéphir qui folâtre. »

L'Opéra s'était enrichi, en 1764, de deux basses-tailles d'une valeur satisfaisante, dans les chanteurs Gelin et Larrivée : le premier se recommandait par un timbre puissant et sonore ; l'autre, dont les moyens étaient moins prononcés, chantait avec plus d'onction, plus de sentiment, et montait davantage ; l'un et l'autre étaient acteurs. L'emploi de la haute-contre, peu favorisé, ne pouvait encore se passer de Jeliotte. Pillot, jeune acteur, sans figure, sans âme, sans talent pour la déclamation, était cependant seul chargé de l'emploi des jeunes-premiers ; qu'il chantait comme eût chanté une statue, douée, par enchantement, d'une belle voix mal dirigée.

Quant à la danse, elle abondait en sujets distingués. Laval et Lyonnais étaient des danseurs sublimes, au point où l'art était parvenu jusqu'à l'apparition de Vestris; mais quand ce virtuose se fut élancé sur la scène, toute jambe parut frappée de paralysie. Vestris, élève de Dupré, et que je désignerai royalement Vestris Ier, pour le distinguer de son fils, en faveur duquel nous le verrons un jour abdiquer le sceptre de la danse, Vestris, dès son premier bond, laissa loin derrière lui tout ce qui dansait ou avait dansé à l'Académie royale de Musique. Il avait d'abord profité des principes de son maître ; mais, sortant ensuite des langes de la méthode, il s'était créé un genre dont la hardiesse n'excluait ni la grâce ni la majesté. Jusqu'à lui, le pied s'était exercé terre à terre ; à peine l'entrechat commençait-il à poindre, timide et hasardeux... Vestris inventa la danse aérienne ; il fut le père des battements précipités ; la pirouette élégante lui dut le jour ; les amateurs de l'orchestre auront toujours à lui tenir compte du rond-de-jambe des danseuses.

L'essor brillant de Vestris anima la verve des dames : mademoiselle Lany, sœur du maître de ballets, formée à la bonne méthode de son frère, ne tarda pas à suivre le vol du nouveau virtuose, et se fit admirer même à côté de lui. Vestris avait aussi une sœur, son aînée, je crois : nymphe jolie, gracieuse, mutine, provocatrice de la galanterie, et qui paraissait rechercher des succès dans l'empire du sentiment plutôt que dans le domaine de l'art. Mademoiselle Lyonnais, dont je n'ai encore rien dit, se faisait remarquer par la vivacité et l'enjouement ; elle eut, en 1762, une aimable continuatrice dans mademoiselle Allard, que le sieur Vestris, satrape de la danse, produisit en cette année sur la scène lyrique.

L'un des directeurs de l'Opéra, monsieur Rebel, fut décoré du cordon de Saint-Michel au commencement de l'année 1762 : que récompensait-on en décorant ce compositeur qui, conjointement avec son collègue Francœur, n'avait fait que d'assez mauvaise musique? une bonne administration peut-être! Le tableau que j'ai fait dans le chapitre précédent de la situation souffreteuse de l'Opéra, répond trop négativement à cette question. Mais vous concevrez facilement qu'un directeur de l'Académie royale de Musique, dont l'autorité s'étendait sur tant de beautés séduisantes, pouvait rendre d'importants services à une cour telle que celle de Louis XV... Pauvres croix instituées pour récompenser le mérite, quelles étranges destinations on vous donne toujours!

Si les arts, dont l'Académie royale de Musique était le sanctuaire, languissaient quelquefois, il était un genre d'activité qui ne s'y ralentissait jamais : je veux parler des intrigues de toute nature, et surtout des intrigues galantes. En considérant sous ce point de vue l'histoire de l'Opéra, mademoiselle Sophie Arnoux seule fournirait plusieurs gros volumes. Cette actrice, la plus pathétique qui, jusqu'alors, eût encore parue sur notre première scène lyrique, occupait toutes les trompettes de la renommées.

M. le comte de Lauraguais, l'un des hommes dont l'esprit, argent comptant, a fait tant de bruit dans la seconde moitié du xviiie siècle, s'était épris de la plus vive passion pour mademoiselle Arnoux dès ses premiers débuts. Elle avait d'abord partagé sa tendresse : entre l'esprit, l'humeur et les habitudes de ce couple; il y avait des éléments de sympathie ; ils s'étaient réunis pour former un nœud qui, comme toujours, parut adorable à ces amants tant que les fleurs dont il était orné conservèrent leur fraîcheur. Mais, outre que la tendre Sophie n'était pas organisée de manière à concevoir une sphère de sentiment aussi étroite, le comte de Lauraguais, sans cesser d'être épris, se montra impérieux, jaloux, exclusif.... Exclusif! la *prima donna* ne tarda guère à trouver une telle prétention intolérable. L'adorateur titré se piquait d'être magnifique, prodigue même envers Sophie : c'était une mine d'or qu'elle exploitait à sa guise jusqu'à parfait épuisement. Mais toutes ces richesses ne pouvaient suffire à mademoiselle Arnoux : au sein de cette abondance, elle se trouvait pauvre ; le plaisir seul pouvait l'enrichir. Elle profita donc d'un voyage que Lauraguais fit vers la fin de 1764 pour rompre avec lui ; et afin que la rupture fut complète, sans retour possible, voilà comment elle procéda :

Un matin, madame la comtesse de Lauraguais vit entrer dans la cour de son hôtel une voiture élégante, attelée de deux chevaux fringants. Le laquais sans livrée monté derrière le carrosse avait ordre d'attendre, pour ouvrir la portière, que quelqu'un de la maison se présentât: ce fut la comtesse elle-même qui, ne voyant personne sortir de cet équipage, s'intrigua d'une telle singularité, et descendit pour en avoir l'explication. Alors le laquais ouvrit la voiture, et madame de Lauraguais vit, sur les coussins de derrière, une barcelonnette dans laquelle dormaient, du sommeil des anges, deux jolis enfants (garçon et fille.) L'un d'eux tenait dans sa petite main une lettre adressée à la dame, et qu'elle s'empressa de lire.

« Madame la comtesse, écrivait Sophie Ar-
» noux, c'est une pauvre fille grandement
» pécheresse, mais repentante, qui sollicite
» aujourd'hui votre clémence, qui implore
» l'absolution de ses fautes, et qui, pour ga-
» rantie de son repentir, vient vous les con-
» fier, afin de trouver une égide dans votre
» vertu. J'étais bien jeune il y a trois ans,

» madame la comtesse; la séduction me trou-
» va sans défense contre ses délices, qui ren-
» contrent si souvent en nous, pauvres fem-
» mes que nous sommes, des complices de
» leur audace. Que vous dirai-je, madame,
» M. le comte de Lauraguais oublia que du
» ciel il lui était venu un ange, pour donner
» aux félicités du ménage tout le charme de
» la vertu ; il damna une pauvre fille qui
» n'était encore qu'excommuniée. Tombée
» au fond du précipice, le Seigneur fait bril-
» ler à mes yeux un rayon de sa divine lu-
» mière pour m'en faire sortir ; et je veux
» me séparer de tout ce qui pourrait me rap-
» peler ma chute.

« Je vous renvoie, madame la comtesse,
» tous les bienfaits que je tenais de votre
» époux : contrats, chevaux, voitures, bijoux.
» Je mets sous votre protection les deux in-
» nocentes créatures nées d'un commerce
» dont je déteste le souvenir, et que ces êtres,
» bien chéris pourtant, me rappelleraient

» d'une manière poignante. Elevés par vous,
» madame, ces enfants auront sous les yeux
» l'exemple des plus saintes qualités ; et si
» vous leur parlez jamais de celle qui leur
» donna le jour, que ce soit pour les décider
» à demander au ciel le pardon de ses erreurs
» et de leur naissance. »

» Je suis avec la plus profonde vénération,
» madame la comtesse, votre servante très
» humble et très respectueuse.

« *Sophie Arnoux.* »

Que pouvait faire madame de Lauraguais ? ce qu'elle fit : on mit les chevaux à l'écurie, le carrosse sous la remise, les bijoux dans une armoire, et les enfants en nourrice. Quant à cette dernière partie de la restitution, la comtesse avait bien pensé qu'une propriété en chair et en os étant indivise par sa nature, mademoiselle Arnoux s'en défaisait un peu généreusement, quand il était plus maternel qu'elle la gardât ; mais la pieuse épouse réprima bientôt cette réflexion.

Cependant la célèbre actrice, pensant, en excellente logicienne, que le plus sûr moyen de rendre sa rupture définitive était de former un autre lien, accepta les hommages de monsieur Bertin, ex-trésorier des parties casuelles. Elle le suivit dans ses terres, où, durant quelques semaines, les amans coulèrent des jours tissus d'or et de soie, comme dans un conte de Perrault... Mais cette existence *philémonienne* ne pouvait se prolonger ; Rebel et Francœur réclamaient *Armide* à grands cris: ils la demandaient à tous les échos. Malgré ces appels incessants, Sophie ne se hâtait point de reparaître dans la sphère lumineuse de l'Opéra. Lauraguais était de retour ; il ne cherchait pas moins activement que les directeurs de l'Opéra sa fugitive maîtresse, qu'il était loin de croire infidèle, tant il lui semblait difficile d'être remplacé dans son cœur. Tous les recueils poétiques furent bientôt remplis des élégies de cet amant désolé : il rappelait sa belle en vers de toute mesure. Mais elle ne se laissait pas prendre à ces lamentations rimées : elle savait trop bien que si elle reparaissait sans précaution, le rugissement du tigre succèderait à ce bêlement d'agneau. Avant de reprendre son service, mademoiselle Arnoux, pour se soustraire aux fureurs de son irascible adorateur, crut devoir appeler sur elle la protection du ministre Saint-Florentin.

Cette mesure, dont l'excellence informa le comte, lui rendit la raison ; puis de sa passion calmée, mais non éteinte, surgirent des sentiments généreux. Lauraguais écrivit à mademoiselle Arnoux pour lui demander une entrevue ; engageant sa foi de gentilhomme qu'elle n'avait rien à redouter de ses emportements. Sophie se rendit au lieu indiqué ; mais, pour plus de sûreté, elle se fit accompagner par monsieur Bertin.

— Mademoiselle, lui dit le comte, puisque

je suis assez malheureux pour voir succéder la haine à...

— Je ne vous hais point, monsieur le comte, interrompit l'actrice ; mais j'ai dû comprendre que j'avais cessé de vous plaire, puisque vous ne trouviez plus, dans nos dernières relations, que des sujets d'affliction pour moi...

— Je me fais justice, mademoiselle : je romps une chaîne qui n'était plus pour vous que celle d'un odieux esclavage ; mais, en vous rendant vos serments, je n'oublierai point ce que je me dois à moi-même... Je vois, mon cher ami, ajouta le comte en s'adressant à monsieur Bertin, qu'un contrat de substitution est déjà passé entre vous et mademoiselle, et que, par un procédé dont je vous sais gré à tous deux, vous venez me demander mon acquiescement.

— Je vous avoue franchement, répondit l'ex-receveur des parties casuelles, que vous avez rencontré juste.

— L'acquiescement, ajouta Sophie avec un

sourire incisif, n'est pas d'une nécessité rigoureuse : si j'étais vendue, la vente est annulée : j'en ai restitué le prix.

— Y compris les arrérages vivants, ajouta le comte. Et comme dans le genre de convention que vous avez conclu avec Bertin, la prise de possession a force de loi, je ne veux parler que d'un procédé dont je tiens compte à votre courtoisie.

Le lendemain, monsieur de Lauraguais, pour laisser dans le cœur de sa maîtresse le souvenir d'un trait de magnanimité, surgissant de sa disgrâce même, lui envoya un contrat de deux mille écus de rente, qu'elle lui renvoya sur l'heure, pour ne pas être en reste de grandeur d'âme. Sur ce, madame de Lauraguais, enchérissant d'héroïsme sur les amants séparés, redirigea le contrat vers le domicile de mademoiselle Arnoux, qui lui laissa enfin les honneurs de la sublimité, en acceptant.

Tout étant ainsi réglé, monsieur Bertin entra en pleine propriété de sa nouvelle conquête. Mais souffrez que je vous fasse remarquer, par un précédent, combien cet honnête financier était peu chanceux en amour : il avait cru longtemps posséder le cœur de mademoiselle Hus, actrice du Théâtre-Français ; et ses bienfaits qui, disait-on, s'étaient élevés à plus de 500 mille livres, lui eussent assuré cette possession, si l'amour qui paye n'était pas d'autant plus trahi que ses sacrifices sont plus onéreux. Dans les concessions de ce sentiment, il n'y a de bon aloi que ses dons ; ce qu'il vend est d'ordinaire une mauvaise marchandise : monsieur Bertin l'éprouva.

Il avait donné à Mlle Hus une délicieuse villa sur les hauteurs de Passy ; de là, certes! elle pouvait voir, à mille pas, venir son amant, et c'est beaucoup, pour une femme aux inclinations mobiles, que de voir venir de loin. Mais il est des préoccupations qui rendent la vue courte : le financier surprit un matin sa belle dans une situation coupable avec un jeune basochien. Celui-ci maniait l'épée comme Bayard ; il mit flamberge au vent ; et, se faisant le plus étrange bouclier d'un vêtement dont le déplacement était une terrible accusation, il gagna sans encombre le jardin, où sa toilette fut achevée.

Cette aventure fit trop de bruit pour que M. Bertin pût pardonner ; il quitta mademoiselle Hus ; et vous avez vu comment Sophie Arnoux lui succéda... Hélas ! qu'il était malheureusement prédestiné ce pauvre M. Bertin. Son trésor, si profondément fouillé pour l'ingrate comédienne, se rouvrit pour la divine cantatrice : il ne se montra pas moins généreux envers elle qu'envers sa devancière ; eh bien ! à la façon de procéder près, le résultat fut le même... « Quelle sagesse assez
» cuirassée de délicatesse, de scrupule, d'honneur même, observait à ce sujet un gazetier de l'époque, pourra se garantir des
» traits de l'amour, retrempés par le regret
» d'une jouissance perdue. La passion du
» comte de Lauraguais, celle de mademoi-

» selle Arnoux n'étaient qu'endormies : les
» amants revinrent secrètement d'abord, en-
» suite publiquement l'un à l'autre. Le comte
» n'avait pu trouver avec un autre que So-
» phie les suaves récréations de son esprit,
» encore moins la tendre occupation de son
» cœur ; et peut-être les mauvais traitemens
» du fougueux soupirant entraient-ils dans
» les plaisirs de l'actrice, comme les coups
» dans le bonheur de madame Sganarelle.
» L'amour renaissant du couple fut plus ar-
» dent que jamais... Infortuné Bertin ! in-
» fortunée comtesse de Lauraguais ! c'était
» bien la peine qu'ils se missent en si grands
» frais de générosité. »

A l'Opéra toujours des reprises au lieu de pièces nouvelles : on remit au théâtre, dans l'hiver de 1762, *Zaïs*, très médiocre pièce de Cahusac et Rameau. Elle eût été jouée dans le désert sans le début, depuis quelque temps annoncé, du jeune Gardel, danseur émule de Vestris, qu'il devait atteindre, au moins pour la grâce. *Zais*, n'ayant point ramené le public, on revint peu de jours après aux fragments : on en représenta un composé des fêtes *vénitiennes*, de *Pygmalion* et de l'*Amour et Psyché*. La première partie fit applaudir avec transport mademoiselle Lemierre, dans le rôle d'un maître de musique fou de son art. Le sieur Muguet, haute-contre d'un physique disgracieux, ne servit, dans la seconde partie, qu'à faire regretter Jeliotte ; et mademoiselle Allard, charmante danseuse, pour être une Galatée honorablement pourvue de la vie, n'eût pas dû chanter : L'exercice du gozier et celui des jambes sont, je crois, incompatibles. Mais un véritable triomphe était réservé à mademoiselle Arnoux, qui rentrait au théâtre après ses vicissitudes amoureuses, dans l'acte de l'*Amour et Psyché;* tous les hommes dans la salle, eurent pour elle le cœur de Cupidon.

Malgré tant d'efforts, l'Opéra-Comique ne rendait point à l'Académie royale de Musique la vogue qu'il lui avait enlevée depuis longtemps déjà : *Armide* même, qui pour les débuts de mademoiselle Arnoux, dans le premier emploi, avait donné 107,000 livres durant une reprise de 35 représentations, ne faisait plus d'argent en mars 1762.

Au mois de mai suivant, une nouvelle danseuse, qui devait faire parler d'elle bien longtemps, débuta avec le plus grand succès: c'était mademoiselle Guimard. Sa danse d'une extrême légèreté, laissait désirer plus de grâce, peut-être ; mais elle était remplie d'animation mutine et de coquetterie. Mademoiselle Guimard n'était point jolie ; mais elle appartenait à cette classe d'actrices qui, comme mademoiselle Vestris, plaisaient aux *vieux routiers* de l'Opéra, par une désinvolture voluptueuse, pour ne pas dire lascive..... Ces habitués d'une moralité aisée, renvoyèrent dédaigneusement au genre noble, mademoiselle Rey, qui débuta peu de jours après mademoiselle Guimard, par un pas où mademoiselle Vestris se *dégingandait* à leur plus expansive satisfaction.

Au mois de septembre 1762, l'Opéra fut menacé de perdre mademoiselle Arnoux ; elle avait même annoncé quelle se retirait ; mais ce ne fut heureusement qu'une éclipse de ce beau talent. Elle reparut le mois suivant dans *Alphée et Aréthuse* : peut-être la célèbre actrice avait-elle voulu faire craindre sa perte, pour rendre son retour plus éclatant : si elle avait spéculé ainsi, son attente ne fut point trompée. Comme on n'espérait point la revoir, les bouquets, les couronnes, les vers plurent sur la scène ; elle les méritait pourtant moins qu'avant l'éclipse : on remarqua quelque affaiblissement dans sa voix... Quand les cantatrices s'absentent, ce n'est jamais sans danger pour leur talent.

Si le rossignol se tait, le pinson chante avec audace : Rameau gardait le silence au début de l'année 1763 ; Dauvergne fit jouer *Polixene* dans le mois de janvier ; les paroles étaient de M. Jolliveau. Ce poème, d'une faiblesse extrême, n'était pas soutenu par la musique : on reprocha au musicien de chercher toujours à peindre et de ne jamais attraper ce qu'il cherchait ; de ne rien donner à chanter, et d'être bourré de reminiscences défigurées. Le *Mercure* du temps signala, à propos de cet opéra, un effet de décoration annonçant une amélioration dans les machines. « Au second » acte, dit le rédacteur, une tempête se » forme : la mer est d'abord calme, le ciel » pur ; puis l'océan s'agite ; des nuages des- » cendent progressivement sur les ondes et » l'éclair sillonne la nue. » Cet effet, qui ne serait pas même remarqué aujourd'hui, était plus digne d'attention en 1765, que les colonnes d'or parsemées de diamans : spectacle dès lors puéril, et maintenant relégué aux Funambules.

Il se concluait autrefois à l'Opéra plus de mariages sérieux que de nos jours, entre artistes. Georges Sand, qui compte beaucoup de lecteurs dans ce pays, comme ailleurs, y a singulièrement déconsidéré le lien conjugal, qui n'y était pas déjà en grande considération. Tandis que mesdemoiselles Arnoux, Guimard, Vestris, Allard et autres multipliaient autour d'elles les sectateurs de l'amour, mademoiselle Lany épousait Gelin, et mademoiselle Lemierre, Larrivée : on a remarqué que si les dames d'opéra se fixent quelquefois, c'est particulièrement en faveur des voix de basse-taille.

Le 6 avril 1763, une catastrophe terrible mit le comble à la mauvaise fortune qui, depuis quelques années, semblait s'attacher à l'Opéra, malgré de nombreux et brillants débuts. Entre onze heures et midi, le feu se déclara dans la salle du Palais-Royal, et se communiqua, avec autant de violence que de rapidité, au palais lui-même. En très peu de temps l'incendie devint terrible. Avant que les secours fussent arrivés, toute la salle et l'aile de la première cour étaient embrâsées ;

bientôt elles s'affaissèrent en un monceau de décombres ardentes, duquel s'éleva jusqu'au ciel une immense trombe d'étincelles... Il n'y avait plus d'Opéra.

Selon les rapports les plus certains, le feu s'était manifesté, dès huit heures du matin, par la faute de quelques ouvriers, et perpétué parce qu'ils avaient voulu l'éteindre eux-mêmes. Le 8, l'incendie était presque apaisé, ou du moins ne brûlait plus que dans les fonds de l'Opéra... Deux mille hommes avaient été employés à s'en rendre maîtres.

Les décombres fumaient encore que déjà l'on raisonnait à perte de vue sur l'emplacement de la nouvelle salle : ceux-ci la plaçaient au Carrousel, ceux-là au Louvre, ou sur le terrain qu'elle avait occupé, en changeant sa position. En attendant, les représentations étaient suspendues indéfiniment. Mais le roi fit écrire aux directeurs de l'Opéra que toutes les personnes attachées à ce théâtre continueraient à recevoir leurs appointements, et qu'elles devaient toujours se tenir prêtes à continuer leur service. De son côté, monsieur le duc d'Orléans demanda au roi que l'Opéra fût rebâti près de son palais, offrant à sa majesté de faire exécuter, à ses frais, tout ce qui pourrait contribuer à la sûreté et à l'agrément de la salle. Le roi ayant accueilli la proposition du prince, il demeura dès lors convenu que le théâtre royal serait reconstruit sur l'ancien emplacement. En conséquence, on acheta toutes les maisons situées entre la rue et l'impasse des Bons-Enfants. D'après les nouveaux plans, le théâtre dut être situé vers l'entrée du cloître Saint-Honoré, et la salle adossée au Palais-Royal. Quatre issues devaient faciliter les débouchés : deux par le Palais-Royal, une par la rue des Bons-Enfants, une autre par la rue Saint-Honoré. Indépendamment des sacrifices que monsieur le duc d'Orléans avait promis de faire pour la reconstruction de l'Opéra, il annonça qu'il donnerait, pour ses loges, cent mille écus. En attendant que le nouvel édifice fut élevé, on décida que l'Académie royale de Musique jouerait aux Tuileries, dans la salle dite des Machines, à laquelle diverses réparations furent faites aux frais du roi. Pendant que ces réparations s'effectuaient, les directeurs de l'Opéra donnèrent, dans la salle des Tuileries, des concerts spirituels, dans lesquels on entendit mesdemoiselles Arnoux et Lemierre ; messieurs Gelin, Larrivée et Muguet. Les gazettiers du temps donnèrent la mesure du succès qu'on devait attendre de ces concerts, en disant qu'ils pourraient prendre, s'ils étaient reproduits de loin en loin. A cette époque, nos pères discutaient avec chaleur sur la musique, parce que nous avons toujours chéri la discussion ; mais ils l'écoutaient avec indifférence : la fibre musicale n'existait pas encore dans l'organisme français ; nous croyons la posséder aujourd'hui : c'est une question qu'il faut laisser résoudre aux étrangers. Il y aurait au moins témérité à conclure d'après l'empressement avec lequel on se porte, à Paris, au théâtre des Bouffes : ce spectacle est, avant tout, le prétexte d'une exhibition de toilettes, l'occasion d'une protestation de belles manières ; et parmi les dilettanti qui crient *bravo* ou *brava*, j'ai vu souvent bon nombre de bouches qui ne pouvaient articuler ces mots admiratifs, parce qu'elles bâillaient.

Cependant les concerts se soutinrent honorablement, quoique les mauvais plaisants eussent déclaré que c'était de *l'onguent pour la brûlure*. On y entendait, avec plaisir, Mlle Dubois de l'Opéra, dont je n'ai rien dit encore, parce qu'elle produisait peu d'effet sur le théâtre, et moins encore dans le monde galant : elle était louche. Cette cantatrice possédait un organe vigoureux et flexible ; mais son attitude nonchalante, sa tristesse habituelle, conséquence d'un délaissement auquel le public ne pouvait mais, rendait celui-ci très parcimonieux dans la justice qu'il rendait à cette actrice. Quant à mademoiselle Arnoux, favorite des rédacteurs

du *Mercure* et de la *Gazette de France*, les seuls journaux qui existassent encore, à Paris, en 1763, avec le *Journal des Savants*, ce n'était pas d'après ces feuilles qu'il fallait juger son talent. Voici l'avis d'un mémorialiste : « Ma-
« demoiselle Arnoux joue plus qu'elle ne
« chante; sa voix, *anéantie*, n'a plus assez de
« force pour le lieu ; mais elle répare cela par
« une âme prodigieuse, une expression de
« gestes et d'yeux qu'elle ne peut contenir...
« Enfin, quand elle chante, elle paraît ado-
« rer son art comme, en d'autres instants,
« elle adore ses amants. »

Tandis que les concerts spirituels occupaient ainsi le personnel chantant de l'Opéra, on préparait un temple provisoire pour la muse lyrique : *les salles provisoires* étaient déjà de mode sous le règne du bien-aimé Louis XV ; mais elle coûtaient moins cher que de nos jours, et n'attendaient pas aussi longtemps les édifices définitifs. En général, nous devons au début glorieux du dix-neuvième siècle les monuments élevés en toute hâte, les cirques de sapin, les colonnes triomphales en toile peinte: on eût dit que les puissances de cette période éclatante prévoyaient qu'elle serait éphémère, et que ces trophées fragiles dureraient encore plus qu'elle.

Revenant au personnel de l'Opéra, je dirai que les danseurs qui n'avaient point de rôles dans les concerts spirituels, étaient oisifs pendant le relâche indéfini que nécessitait l'arrangement d'une salle provisoire. Or, l'oisiveté, selon le vieux proverbe, est la mère des vices : à quoi voulez-vous qu'une danseuse qui ne danse point emploie son temps, si ce n'est à se faire courtiser ? Mademoiselle Allard, nymphe jolie, vive, gaie, réjouissante, plut, par cette réunion de qualités, au duc de Mazarin. Ce seigneur, selon la coutume, fut encore plus prodigue qu'amoureux; et, conformément à un usage non moins ordinaire, mademoiselle Allard multiplia plus encore ses infidélités qu'il ne prodiguait ses dons. Enfin, un jour, jour néfaste pour le duc, il rencontra chez son infidèle, entre chien et loup, un jeune homme dont il ne put distinguer les traits; mais qui ne révéla que trop sa vigueur par la plus abondante volée de coups de canne qui jamais ait meurtri des épaules sérénissimes. Et comme c'était le soir, la direction du jonc s'étant dérangée plus d'une fois, monsieur de Mazarin eut la tête fracassée. Tandis que la danseuse, éperdue, jetait les hauts cris, le quidam s'échappait à la faveur des ténèbres, et personne ne put ce soir-là le reconnaître.

Le bruit courut le lendamain que mademoiselle Allard, sérieusement interrogée, menacée même par monsieur le lieutenant de police, avait nommé le coupable; mais qu'au moment où le magistrat donnait des ordres pour le faire arrêter, un poulet musqué, venant de haut lieu, fit renoncer subitement à cette disposition sévère.

J'ai feuilleté avec soin tous les recueils secrets du temps, j'ai consulté tous les pamphlets, y compris le *gazettier cuirassé*, qui faisait à Londres de la médisance et de la calomnie, pour qu'on en fît le rachat ; et nulle part je n'ai trouvé de rensseignements précis, ni sur l'auteur de la bastonnade infligée au duc de Mazarin, ni sur la protection mystérieuse qui, par l'ascendant d'une autorité impérieuse, sans doute, avait paralysé l'action repressive de la police. Mais on disait assez hautement dans les coulisses de l'Opéra, que le coupable était le sieur Vestris, gascon orgueilleux, qui s'étant qualifié lui-même le *Dieu de la danse*, se croyait en conséquence supérieur à toutes les puissances terrestres

Quoiqu'il en soit, la fermentation fut extrême pendant quinze jours, dans ce qu'on appelait alors incongrûment le *tripot lyrique*. Mademoiselle Allard était à toute heure invectivée par ses camarades, cantatrices ou danseuses, qui l'accusaient d'avoir, par son insigne maladresse (ces dames ne voyaient en cela que de la maladresse) attenté à leur fortune, ruiné leur avenir, deshonoré (toujours à cause de la maladresse) le corps des danseuses de l'Opéra.

De leur côté, Rebel et Francœur se desespéraient: la cour, sur les sollicitations du Mazarin bâtonné, exigeait l'éloignement de la nymphe volage; et la perte d'une danseuse que le public aimait, quoique les grands seigneurs fussent rossés chez elle comme des Frontins de comédie, pouvait compléter la disgrâce de ce pauvre Opéra, fiévreux depuis longtemps, et brûlé pour comble de malheur.

XIII.

SEDAINE — MONSIGNY — PHILIDOR — ANECDOTES DIVERSES.

Mademoiselle Arnoux, au temps de sa vogue, pouvait dire : l'Opéra, c'est moi. Elle en tenait en quelque sorte le sceptre; les directeurs s'étaient résignés à devenir ses ministres. Cette actrice traitait de puissance a puissance avec les maréchaux de France, les hommes d'état, voire même les évêques. Il fallait pourtant admettre une exception en faveur de monsieur le duc de Choiseul ; mais avec ce seigneur, qui savait être grand sans être fier, parce que la fierté est l'attribut des sots et qu'il avait de l'esprit ; avec lui, dis-je,

la *Prima donna* devenait humble sans bassesse, touchante sns affecter jamais la sensiblerie.

Or, mademoiselle Arnoux méditait, vers la fin de novembre 1765, une grande épreuve de son pouvoir : elle attachait l'idée d'un notable accroissement de sa gloire à la réussite d'un projet dans l'exécution duquel une femme de haute qualité venait d'échouer. Préoccupée de ce dessein, elle aperçut à une représentation d'*Armide* monsieur de Choiseul, se surpassa dans le rôle principal, et produisit une telle sensation sur le duc, qu'elle s'écria en rentrant dans sa loge : « Le minis-
« tre est à moi... » Assurément cela signifiait le contraire ; mais dans le sens que la can-

tatrice attribuait à ces paroles, la pensée était identique ; et la grande expérience qu'elle avait des impressions produites par elle sur la moitié masculine du genre humain la trompait rarement.

Pour bien faire comprendre l'importance de la victoire que mademoiselle Arnoux remporta dans cette circonstance, il est nécessaire que je reprenne quelques précédents.

Monsieur le comte de Lauraguais avait lu à l'Académie des Sciences dont il était membre, un mémoire apologétique de l'*inoculation*, découverte entièrement nouvelle à cette époque. Ce mémoire, qui heurtait les doctrines immobiles des vieux médecins, déplut aux doctes quarante qui, sans être pourvus de génie, parce que le génie n'a rien de commun avec la science, n'en portaient pas moins loin le *genus irritabile*. Le *factum* ne fut pas entendu jusqu'au bout ; mais monsieur de Lauraguais, mécontent de l'interruption qu'il avait subie, envoya son œuvre aux ministres et à di-

verses personnes de la cour : cet envoi lui devint funeste. L'écrivain incisif ne s'était pas borné à fustiger avec le fouet du ridicule, les routines encroûtées de la médecine à bec de corbin, il avait aussi atteint d'un ridicule sanglant messieurs du parlement, qui s'étaient déclarés contre l'inoculation. Il fut arrêté le 16 juillet 1763, et conduit, par ordre du roi, à la citadelle de Metz. Quelques jours après, il écrivit à monsieur de Saint-Florentin la lettre suivante : « J'ai cru devoir, monsieur le
» comte, vous engager à donner au roi un
» mémoire que j'ai fait sur l'inoculation ;
» vous avez protégé tant de voyages entrepris
» par les académiciens pour déterminer la
» forme de la terre, ce qui est une bien grande
» généralité, qu'il m'a paru, j'ose le dire,
» impossible que vous ne prissiez pas un in-
» térêt bien vif à ce qui se rattache à l'exis-
» tence des habitants, à la conservation du
» roi particulièrement, et à celle de ses su-
» jets. »

» Par quelle fatalité notre nation a-t-elle
» toujours combattu contre les vérités dont
» les autres jouissaient déjà? C'est une chose
» bien extraordinaire et bien douloureuse à
» contempler que le moment où la perfection
» des beaux arts élève un monument au roi
» (la statue de Louis XV), soit précisément
» celui où des magistrats éclairés consultent
» d'ignorants docteurs sur la probabilité phy-
» sique de l'inoculation, reconnue par l'expé-
» rience, un moyen sûr de conserver les créa-
» tures de Dieu. Le réquisitoire est digne de
» la barbarie du siècle de Louis-le-Jeune ;
» mais comme Louis XIV créa l'Académie des
» Sciences pour conserver au moins les lu-
» mières acquises, et que ses membres doi-
» vent lutter contre les lumières nouvelles,
» j'ai cru devoir faire le mémoire dont je vous
» parle, sans m'arrêter aux tracasseries que
» je prévoyais, aux cris qu'il devait exciter,
» aux ridicules dont on voudrait me couvrir.
» Je connais tous les quinze-vingt du monde ;

» mais parce que leur routine leur a fait dé-
» couvrir des sentiers, je ne crois pas que ce
» soit un bonheur d'avoir les yeux au bout
» d'un bâton, et j'aime mieux contempler le
» jour, de la place où je reste immobile, que
» de marcher dans une nuit éternelle. Enfin,
» monsieur, quoique je ne sois pas médecin,
» et que j'aie écrit sur l'inoculation ; quoique
» je ne demande point de pension, et que je
» désire que mes confrères touchent celles
» qu'ils ont méritées ; malgré que mon mé-
» moire soit fort ennuyeux, si vous protégez
» l'inoculation contre les préjugés qui re-
» fusent de raisonner, contre l'ignorance
» qui ne le sait point, et contre les fripons
» qui craignent de perdre ce qu'ils ne ga-
» gnent pas, vous serez certainement l'hom-
» me qui méritera davantage d'inspirer les
» sentiments avec lesquels j'ai l'honneur d'ê-
» tre très parfaitement, etc. »

Cette lettre, sardonique dans toutes ses parties, n'était pas propre à faire ouvrir les por-

tes de la citadelle de Metz au noble prisonnier.
Il écrivit à Voltaire pour lui faire part de son séjour dans ce fort; la réponse du grand écrivain fut bien un trait digne de son caractère. Il faisait semblant, en lui répondant, d'ignorer le motif du séjour de l'infortuné à Metz; il le supposait à ce poste comme honoré de la confiance du roi; il l'en félicitait, et ne doutait pas, lui disait-il, que sa majesté n'eût reconnu ses talents, puisqu'elle les récompensait aussi honorablement.

Ce persifflage était si déplacé, si indécent que mademoiselle Arnoux, à qui le prisonnier de Metz en écrivit, lui fit proposer de charger un des ses laquais de la replique, avec une plume haute de trois pieds. « Vous com-
« prenez, mon cher comte, ajoutait-elle,
« que je ne puis avoir aucune estime pour
« un homme perpétuellement au bouillon de
« poulet, et qui n'a fait qu'un detestable
« opéra. »

De sa prison, le promoteur de l'inoculation écrivit une multitude de lettres piquantes à ministres, présidens au parlement, académiciens, docteurs en médecine etc; il remplit toutes les gazettes de l'Europe des pamphlets qui coulaient à flots pressés de sa plume. Aussi, madame la comtesse de Lauraguais, implora-t-elle vainement la grâce de son infidèle époux. Madmoiselle Arnoux, plus heureuse, l'obtint.

La célèbre actrice, mettant à profit la vive sensation qu'elle avait produite sur Choiseul dans le rôle d'Armide, se rendit chez ce premier ministre, se jeta d'abord à ses pieds, et se montra si tendre, si pathétique en sollicitant le rappel de son Renaud, que ce fut bientôt l'homme d'état qui prit l'humble posture que la cantatrice venait de rendre si intéressante. Un ministre à genoux devant une femme a perdu beaucoup de sa dignité, sans doute; mais quand cette femme sollicite et qu'elle tient à réussir, la transaction est probable.

Lorsque Lauraguais revint à Paris, il s'isola du monde entier pour consacrer à sa chère Sophie les premiers temps de son retour ; la comtesse, pour ne pas troubler cette renaissante lune de miel, se retira dans un couvent. Le bruit courut alors qu'avant de relaxer le comte, on avait exigé de lui qu'il se séparât de sa femme : « je ne m'y oppose pas, » avait dit mademoiselle Arnoux. Cette conquête, qui ne coûta à l'adorable solliciteuse qu'un genre de sacrifice qu'elle faisait aussi volontiers que mademoiselle de Charolais, fut inscrite au livre d'or de l'Opéra ; elle acheva de consacrer l'influence autocratique de la triomphatrice.

Au moment où l'on annonçait l'ouverture de la salle provisoire de l'Opéra, le roi ordonna que des lettres de noblesse furent expédiées au célèbre Rameau, en attendant la première vacance dans l'ordre de Saint-Michel. Pour célébrer l'anoblissement de Rameau et inaugurer le nouveau temple lyrique, il fut décidé que la représentation d'ouverture se composerait de *Castor et Pollux*.

L'Opéra s'ouvrit, aux Tuileries, le 24 janvier 1764, par le chef-d'œuvre de Rameau et Bernard. L'affluence était immense; la représentation fut tumultueuse. Pendant les deux premiers actes, un échange d'observations, un cliquetis de remarques, critiques ou louangeuses, sur la disposition architecturale et artistique de la salle ne permirent pas d'entendre le spectacle. Dans cette controverse à voix haute, monsieur Soufflot, architecte constructeur, recueillit plus de blâme que de felicitations : on trouvait en général le parterre trop élevé pour le théâtre ; les premières loges avançant trop et trop étroitement cintrées ; les secondes écrasées par les premières, auxquelles on avait tout sacrifié ; le paradis si reculé et si exhaussé, qu'on y était dans un autre monde, d'où l'on n'entendait rien. On témoigna de l'étonnement qu'un homme du talent de monsieur Soufflot, eût commis d'aussi grandes fautes. Mais ce célèbre artiste trouvait des défenseurs : ceux-ci alléguaient qu'il avait été forcé de tout sacrifier à certaines loges de protection, qui produisaient un effet disgracieux et rendaient, à juste titre, le public mécontent du peu d'égards qu'on avait eu pour lui.

Un épisode touchant, mais triste, occupa les spectateurs quand la salle cessa d'être le sujet des entretiens. Rameau avait voulu que Bernard assistât à l'inauguration de la nouvelle salle par l'opéra de *Castor*, le plus beau titre de gloire de l'un et de l'autre. Or, ce poète, dans un âge encore peu avancé, était devenu idiot : comment? nous l'ignorons; mais il est à présumer que l'*art d'aimer* (1), professé avec trop de ferveur, n'était pas étranger à cette anomalie

---

(1) Ce poème, très connu à cette époque, n'avait pourtant pas été imprimé; il ne le fut même jamais du consentement de l'auteur. Durant sa maladie, on s'en empara sans qu'il s'en aperçut, et il fut livré à l'impression.

mentale. Les médecins avaient espéré qu'une représentation aussi solennelle d'un ouvrage dont Bernard était fier lorsqu'il jouissait de sa raison, pourrait produire sur lui une révolution salutaire. Le dialogue suivant s'engagea entre cet infortuné et Rameau, nouvellement anobli et plus nouvellement decoré de l'orde de Saint-Michel.

— Pourquoi, monsieur, m'avez-vous amené dans cette grande pièce, où je suis aveuglé par toutes ces lumières ?

— N'êtes-vous pas charmé, mon cher ami, de voir qu'on ait choisi *Castor et Pollux*, votre œuvre chérie, pour l'inauguration de la nouvelle salle de l'Opéra ?

— *Castor et Pollux*... il me semble que j'ai entendu parler de cela...

— Ne vous rappelez-vous donc plus que vous-êtes l'auteur de cet immortel œuvrage?

—J'en suis l'auteur. . vous croyez.... Eh bien, cela me fait plaisir puisque vous dites que c'est beau.

— Les directeurs de l'Académie royale de Musique ont voulu rendre un nouvel hommage à vous et à moi, en donnant aujourd'hui notre opéra dans cette salle nouvellement décoré...

— Ah ! je comprends, c'est nous qui avons décoré la salle.... Mais qu'avez-vous donc là, monsieur Rameau ?... Quel joli jouet attaché à votre boutonnière avec un ruban noir....

— Mon ami, c'est la croix de Saint-Michel, et je la dois particulièrement à la partition de *Castor et Pollux*...

— Attendez donc, reprit Bernard en passant la main sur son front, ne me disiez-vous pas tout à l'heure que j'avais aussi, moi, composé *Castor et Pollux* ?

— Sans doute.

— Eh bien ! je devrais avoir la croix de Saint-Michel... Je la veux, moi... Et le vieux enfant se mit à pleurer.

Les personnes qui avaient entendu cette scène pleuraient aussi d'attendissement : une telle dégradation de l'humanité, dans un être dont l'intelligence avait été portée jusqu'au génie, était un spectacle navrant. Du reste, le pauvre Bernard gagna au moins à ne pas comprendre ce qui se passait autour de lui, de ne pas voir sa pièce écorchée : mademoiselle Arnoux seule joua avec sa supériorité ordinaire ; Pillot, Gelin, Mademoiselle Chevalier et mademoiselle Lemierre, furent d'une désespérante médiocrité. Une chose aussi remarquable que difficile à expliquer, c'est que, pour cette reprise, Dupré avait jugé à propos de faire danser le système de Copernic, mis en action : c'était prendre *Castor et Pollux* dans leur acception astronomique (le signe des Gémeaux)... Mais bon nombre de spectateurs, en se retirant, demandaient ce que le système de Copernic venait faire dans un opéra.

Legros, chanteur dont la voix de haute-contre devait diminuer les regrets laissés par Jeliote, débuta à l'Académie royale de musique, en mars 1764, par le rôle de Titon, dans

Titon et *l'Aurore*. Cet acteur n'avait jamais paru sur aucun théâtre; sa réussite fut complète. Sa voix était d'un timbre agréable, d'une grande étendue, flexible, légère, touchante dans les situations pathétiques, et sa méthode ne manquait ni de précision ni de goût. Legros était doué d'une belle figure, d'une taille élégante; il savait modérer ses gestes; en un mot, l'Opéra faisait en lui une acquisition précieuse. Mais, comme il est rare qu'un éloge n'admette pas de restriction, il faut ajouter que, dans les cordes élevées, l'organe de ce chanteur paraissait maigre quand l'orchestre ne le soutenait pas.

Au mois de septembre, le trône de la musique française resta vacant par la mort de Rameau, qui fut emporté par une fièvre putride, à l'âge de quatre-vingt-trois ans. Il y avait longtemps que ce compositeur ne donnait plus rien, et c'était sage. L'art qu'il avait illustré jadis est un de ceux dont les inspirations s'attardent rarement dans la vieillesse:

le vieux musicien, comme le vieux poète, pour ne pas compromettre les lauriers de sa jeunesse, ne doit pas, au crépuscule de la vie, essayer d'en cueillir de nouveaux. Les muses sont femmes : leurs adorateurs vieillis ont beau les courtiser, ils n'en obtiennent plus de faveurs; et si elles les flattent, c'est qu'elles les trompent. Rameau composa vingt-trois opéras : deux seulement, *Castor* et *Dardanus*, ont surnagé sur le fleuve d'oubli. Je l'ai déjà dit, dans tous les autres, il se rencontre de grandes beautés; mais pas un chef-d'œuvre.

Rameau composait ordinairement un violon à la main; mais, pour organiser son orchestre, il se servait du clavecin. Sa verve était une espèce de démon, son enthousiasme allait jusqu'à la fureur : M. *Fugantini*, de la *Melomanie*, peut donner une idée du caractère artistique de ce musicien. Malheur à sa perruque si les idées ne germaient pas sous son réseau chevelu : il la saisissait d'une main furibonde, la jetait sur le parquet et la foulait aux pieds : action qui rarement était féconde en pensées harmoniques. Si par hasard un survenant, mal inspiré, venait à entrer au moment où Rameau se croyait sur la trace d'une phrase heureuse, il fallait que le visiteur fût un personnage éminent pour n'être pas traité avec la plus grande dureté.

Nous avons vu que l'auteur de *Dardanus* avait obtenu du roi des lettres de noblesse ; mais il ne voulut jamais les faire enregistrer, prétendant peut-être que l'illustration sur parchemin ne vaut pas ce qu'elle coûte, quelque faible dépense qu'elle nécessite. Ces excellents prêtres, qui se montrent toujours prêts à sauver des âmes au moment où elles vont se noyer dans l'éternité des damnations, se pressèrent au chevet du lit mortuaire de Rameau, sans qu'aucun d'eux pût se faire écouter ; monsieur le curé de Saint-Eustache se flatta d'être plus heureux. Ce vénérable pasteur se présenta, fut reçu poliment comme ses devanciers ; mais, plus persévérant qu'eux, il ennuya davantage. Enfin, son sermon impatienta à tel point Rameau, que, se retournant tout-à-coup vers le débitant de l'interminable homélie, il s'écria : « Que diable venez-vous « me chanter-là, monsieur le curé.... vous « avez la voix fausse. » Jugeant alors que le vieux pécheur se cramponnait à l'impénitence finale, l'homme de Dieu se retira précipitamment.

Mais s'il est avec le ciel des accommodements, à plus forte raison en est-il avec l'église : Rameau, sans être aussi riche que Lully, son prédécesseur au trône musical, laissait une certaine fortune; ses restes mortels trouvèrent une place à Saint-Eustache. L'Académie lyrique fit célébrer pour lui, dans l'église de l'Oratoire, un service solennel, où l'on exécuta plusieurs beaux morceaux tirés des opéras de *Castor* et de *Dardanus:* morceaux que, en dépit de leur origine profane, on avait adaptés aux prières que l'on chante dans ces cérémonies.

Rameau laissait une nièce, qui fut son unique héritière. Il n'avait jamais voulu consentir à ce qu'elle se mariât; l'interdiction était bien sévère; la demoiselle l'enfreignit en contractant un mariage secret. Cette collatérale se félicitait d'avoir épousé l'homme qu'elle aimait, avoir désobéi ostensiblement à son oncle; mais grande fut sa surprise quand, à l'ouverture du testament de Rameau, elle vit qu'elle y était désignée par son nom de femme... Le musicien s'était contenté de l'obéissance apparente; il n'avait pas voulu qu'elle fut poussée jusqu'au martyre.

Rameau avait mis le complément à sa gloire en écrivant sur son art : on a de lui une *démonstration du principe de l'harmonie et un code de la musique.*

Une chronique mortuaire est rarement gaie; mais quelle chose, considérée sous certains points de vue, n'offre pas en y regardant bien, un reflet plaisant? Les faiseurs d'*ana* colportaient par la ville, quelques jours après la mort de Rameau, une épitaphe d'un nouveau genre, gravée sur un tombeau. *Mlle Miré*, n'etait pas une des fortes danseuses de l'Opéra ; mais, courtisane d'une haute capacité, elle enterra l'un de ses amans. Le lendemain de l'inhumation du pauvre garçon, on lisait sur sa pierre tumulaire :

Mi Ré La Mi Là.

Vous concevez que cette réunion de notes significatives donnait l'idée d'une absence totale de mesure.

Mademoiselle Arnoux ne faisait pas apparemment une consommation de sentiment aussi funeste ; non seulement monsieur le comte de Lauraguais, malgré la longévité de ses amours avec l'enchanteresse de l'Opéra, conservait une santé très florissante ; mais il cherchait encore ailleurs un petit écoulement de soupirs. Au printemps de l'année 1765, mademoiselle Robbe venait de débuter dans les ballets de l'Académie royale de Musique ; on admirait surtout sa taille et la forme délicieuse de sa jambe. Monsieur le comte de Lauraguais fut cité au nombre des observateurs les plus enthousiastes de la belle danseuse, et le bruit de son enthousiasme parvint aux oreilles de mademoiselle Arnoux. Les amans étaient parvenus à cette période philosophique de la tendresse, qui n'est plus qu'une douce somnolence sur le sein de l'habitude; la célèbre cantatrice parla au comte en souriant, de ses nouvelles amours ; il les avoua avec une franchise presque candide.

— Vous savez, monsieur le comte, quel est mon droit, lui dit-elle.

— Oh ! le cœur..... toujours le cœur, ma chère Sophie.

— Ce n'est pas de cela qu'il s'agit ; que voulez-vous que je fasse de la caisse quand vous portez ailleurs le trésor. C'est mon emploi de confidente que je réclame : vous le savez, comte, on ne peut refuser cela aux maîtresses émérites. C'est une consolation, quand on ne fait plus l'amour, de pouvoir en parler.

M. de Lauraguais promit à l'amante philosophe de la tenir au courant des progrès de sa nouvelle passion, et remplit cette promesse. Or, un jour qu'elle lui demandait où il en était, il lui apprit tristement qu'il rencontrait toujours chez mademoiselle Robbe un certain chevalier de Malte qui l'offusquait fort. — Un chevalier de Malte ! répondit l'actrice, vous avez bien raison, monsieur le comte, de craindre cet homme ; il est là pour chasser les infidèles.

Le mois de janvier 1766 fut un mois néfaste pour l'Opéra : le 6, une pièce de décoration tombe sur mademoiselle Guimard, la renverse et lui démet le bras. Le 18, mademoiselle Allard, l'âme de la danse gaie à l'Académie royale de Musique, perd monsieur Bontemps, le plus aimé de ses adorateurs, et déclare qu'elle ne dansera pas de six semaines. Enfin, mademoiselle Basse, autre danseuse, pour clore cette triste chronique, ayant héroïquement engagé monsieur Prevost, son amant, à contracter un riche mariage, refuse toutes les pensions qu'on veut lui faire, et se retire dans un couvent, où elle prend le voile. Je n'ai pas tenu note de toutes les vocations religieuses écloses à l'Académie royale de Musique, dans l'espace de temps écoulé depuis sa fondation jusqu'à l'an de grâce 1766 ; mais elles avaient été nombreuses, et l'on pouvait croire, en vérité, qu'il était tout naturel de faire son noviciat à l'Opéra, pour entrer ensuite aux Carmélites.

Les prévisions des administrations théâtrales font assez rarement honneur à leur sagacité : elles ressemblent en cela aux libraires, que j'ai presque toujours vus s'éprendre des rapsodies, et porter, avec un aplomb imperturbable, de sévères jugements sur les ouvrages d'une valeur réelle. De cette incurie découle une conséquence grave : on ne veut pas s'être trompé ; on soutient, par le savoir-faire, par l'intrigue, ce qui ne pourrait se soutenir par son mérite intrinsèque; et lorsque l'éloge des mauvais ouvrages ne suffit pas, on y joint le décri des bons, afin de ruiner les concurrences. Voilà ce que l'on appelle aujourd'hui l'esprit du commerce, qui n'est pas moins essentiellement l'esprit des spéculations littéraires. Dans le dernier siècle, au moins, si l'on se trompait à défaut de connaissance, l'expérience ne trouvait pas obstinés les juges dont elle avait infirmé les arrêts; ils s'amendaient tout d'abord, et criaient victoire pour les productions sur lesquelles, avant l'événement, ils avaient jeté des clameurs de *haro*.

Il en fut ainsi d'*Aline, reine de Golconde*, en avril 1766. Les directeurs de l'Opéra se montraient fort opposés à ce ballet-héroïque de Sedaine, dont Monsigny, déjà connu par de bonnes partitions, avait composé la musique. Comme messieurs Rebel et Francœur ne donnaient aucune raison de leur répugnance à jouer cet ouvrage, monsieur le duc de Choiseul, qui ne passait jamais condamnation sur les caprices, fit venir ces messieurs et leur ordonna de s'expliquer.

Rebel, dont l'assurance se fondait, sans doute, sur sa croix de Saint-Michel, qui, pourtant ne prouvait guère plus à sa boutonnière qu'une infinité de croix d'honneur attachées à des habits modernes, Rebel se chargea de répondre au ministre.

— Monseigneur, lui dit-il, l'Académie royale de Musique occupe parmi les théâtres de sa majesté un rang que nous croyons devoir maintenir.

— C'est pour cela, monsieur, repartit son excellence, que vous devriez tâcher de faire quelque chose pour y rappeler le public.

— Tous nos efforts tendent à ce résultat désiré, monseigneur, et, dans cette tâche même, nous répugnons à jouer un opéra composé par un homme... qui ne peut faire honneur à la muse lyrique.

— Cet opéra ne vaut donc rien ? Je vous avoue que cela m'étonne : Sedaine a donné l'an passé, à la Comédie Française, une pièce fort bien faite : *le Philosophe sans le savoir.*

— Le poème qu'il présente, répondit Rebel, ne pourrait, dans tous les cas, attirer sur lui une critique sérieuse : c'est, à peu près littéralement le conte de monsieur le chevalier de Boufflers... Mais l'auteur lui-même est un homme...

— Eh ! mordieu, monsieur Rebel, achevez donc...

— Eh bien ! s'il faut vous le dire, monseigneur, Sedaine était, il y a quelques années encore, tailleur de pierre.

— Je le sais parbleu bien, et voilà précisément pourquoi je le protège..... Apprenez qu'un artisan qui s'avise un beau jour d'aborder les régions de l'esprit, ne fera jamais rien d'absolument mauvais : c'est l'inspiration, monsieur, la bonne inspiration, celle de la nature, qui le jette dans cette voie nouvelle...

Il y sera, n'en doutez pas, simple, vrai, touchant ; qualités sans lesquelles il n'y a point de supériorité possible, et que les auteurs par métier n'acquièrent jamais quand elles leur manquent... On ne se dit pas : je serai poète, peintre, musicien ; on l'est. Voyez le menuisier de Nevers : je donnerais pour sa chanson, naïvement sublime, tout le bagage des écrivains de son temps, les tragédies de Corneille exceptées.... La philosophie qu'il professa, en poussant le rabot, est la bonne, n'en déplaise à nos philosophes à cent mille livres de rente : ils raisonnent ; Adam Billaud prouvait. Je me résume : vous jouerez *Aline, reine de Galconde*, messieurs, parce que le roi l'entend. Si l'essai lyrique de monsieur Sedaine est heureux, eh bien ! cela nous encouragera à protéger les changements de profession, et nous pourrons ensuite envoyer à la taille des pierres les poètes et les musiciens qui ne font pas d'opéras.

Le trait décoché par le malin ministre avait

frappé Rebel en pleine poitrine ; la blessure de son amour-propre se révéla par la plus laborieuse combinaison de sourire et de sourcillement réprimé qui jamais eût grimacé sur un visage humain. Il s'inclina et sortit en disant :

— Monseigneur, on vous obéira.

Malgré cette promesse, le duc de Choiseul ne perdit pas de vue la reine de Golconde : quoique ses loisirs fussent rares, il assista à six répétions de suite, et exigea des directeurs qu'ils n'épargnassent rien pour la réusite. Enfin, la petite laitière provençale, devenue reine dans l'Inde, parut à l'Opéra, le 15 avril 1766, avec tant d'éclat, que le public, ébloui, ne put guère, à la première représentation, examiner le tissu de l'œuvre, à travers la brillante broderie de décorations, de costumes et de mise en scène jetée sur le fond du sujet. A la seconde représentation, on reconnut le conte de Boufflers moins la vivacité et la finesse du style ; plus une coupe de paroles heureuses, très propre à faire valoir la musique, annonçant une entente parfaite de la scène, et déguisant si bien l'absence d'une poésie élégante, qu'on n'eût pas volontiers accepté celle-ci, en échange de cette versification d'une incontestable platitude. Quant à la musique de Monsigny, elle était d'un genre absolument nouveau sur le théâtre de la sublime Académie, où la Gaité, malgré l'heureux essai de Jean-Jacques Rousseau, n'osait se hasarder que d'un pied timide. La mélodie d'*Aline* parut légère aux robustes amateurs de l'harmonie savante de Rameau : ils auraient volontiers renvoyé le compositeur à la foire où il avait donné les *Aveux indiscrets*, *le Maître en Droit* et *le Cadi dupé*. Mais la renommée du *Roi et le Fermier*, opéra comique de Sedaine et Monsigny, qui leur avait déjà valu dix-huit mille livres de droits d'auteurs, imposa silence à ces critiques sévères ; tout au plus quelques détracteurs obstinés persistèrent-ils à reléguer Monsigny à l'office de monsieur le duc d'Orléans, dont il était maître d'hôtel ordinaire; prétendant que, dans ces fonctions-là seulement, il pouvait se permettre de servir un plat de son métier aussi *plat* que l'opéra nouveau.

En jugeant cette partition avec impartialité, on pouvait dire que s'il s'y trouvait, par intervalle, des réminiscences quelque peu foraines *des Aveux indiscrets* et *du Cadi dupé*, on y reconnaissait aussi le talent auquel on devrait bientôt le *Déserteur et la belle Arsène*, qui manqueraient aux fastes du grand Opéra. A tout prendre, *Aline, reine de Golconde*, eut un succès assez soutenu.

Lecteur, permettez-moi maintenant quelques lignes d'anachronisme pour compléter l'histoire dramatique de cette gentille *Aline*, dont la destinée était d'inspirer de l'éloignement aux administrations théâtrales. Au commencement de ce siècle, messieurs Vial et Berton avaient remis sur le tapis le délicieux conte de Boufflers; ils le présentèrent aux propriétaires de l'Opéra-Comique.... On leur fit une petite moue fort gracieuse, mais peu encourageante, et l'ouvrage prit droit de résidence dans les cartons du théâtre, où d'autres étaient, hélas! emprisonnés pour longtemps; tandis que quelques-uns y dormaient du sommeil de la tombe. Alors Martin et Elleviou chantaient rue Feydeau; mais ils ne voulaient pas tout chanter : Elleviou n'aimait pas le personnage de Saint-Phar; Martin n'avait point de rôle dans Aline; vingt manuscrits nouveaux s'empilèrent sur la reine de Golconde... Elle fut menacée d'un repos décidément mortuaire.

Mais voilà que pendant un congé des deux virtuoses, la saison caniculaire se prolonge, en même temps qu'une pénurie de nouveautés se fait sentir à l'Opéra-Comique... On ouvre les cartons; on secoue la poussière des manuscrits et l'on se dit : « Voyons donc si, en l'absence de nos chanteurs, nous ne trouverions pas là-dedans quelque chose où le talent d'acteur de Gavaudan pût se produire avec quelque avantage?... Eh! mais le Saint-Phar d'*Aline?*... vraiment oui... C'est que, pour la reine de Golconde, il nous faudrait de la jeunesse, de la beauté, des grâces, et ce sont, pour le moment, des denrées quelque peu avariées dans nos parages... Il nous faudrait aussi du talent, de la finesse surtout.—J'ai votre affaire, s'écria M. Dupaty : prenez Fanchon la vielleuse. — Sur ce, les sociétaires d'énumérer toutes les qualités à réunir pour faire une bonne reine de Golconde à l'Opéra-Comique ; et toujours monsieur Dupaty de répondre : Prenez Fanchon, absolument comme le cornac pour rire des *Variétés* répond : *Prenez mon ours*.... Enfin, il fit si bien que madame Belmont passa de la rue de Chartres à la rue Feydeau. Elle fut charmante dans *Aline*, Gavaudan s'y montra, comme toujours, excellent comédien, et la pièce alla aux nues. Ceci nous prouve qu'il faut se défier de ses préventions, surtout quand on n'est pas sûr de son jugement. Je retourne à l'année 1766.

On apprit, à la fin de cette année, qu'une révolution dans le personnel de l'Opéra se préparait. Messieurs Rebel et Francœur abandonnaient la direction, peut-être serait-il plus exact de dire que la direction les abandonnait. Plusieurs aspirants se présentaient pour les remplacer. Les acteurs, de leur côté, demandaient que l'administration leur fût confiée, afin de se régir eux-mêmes, comme les comédiens du Théâtre-Français. Ils présentèrent, en conséquence, un mémoire à monsieur le comte de Saint-Florentin, et déposèrent 600,000 livres pour garantie de leur gestion. Le ministre ne trouva pas cette proposition de son goût, et fit défendre à ces messieurs et à ces dames de publier leurs vues républicaines, par la voie de l'impression.

Tandis que ceci se passait, monsieur le prévôt des marchands proposait à la ville de Paris, superintendante de l'Opéra, d'en confier la direction à monsieur Dauvergne, qui, tout aussi médiocre musicien que messieurs Rebel et Francœur, pouvait, tout aussi bien qu'eux, faire un bon administrateur ; ce prétendant avait fait un dépôt de 300,000 livres. La ville ayant accueilli la proposition de son premier magistrat, celui-ci fit part du choix de monsieur Dauvergne au ministre Saint-Florentin ; lequel trouva que tout allait le mieux du monde. Mais voilà qu'au moment où l'on s'y attendait le moins, monsieur le prince de Conti et monsieur le duc de Choiseul se jetèrent à la traverse, armés de messieurs Berton et Trial, candidats survenants, qui avaient aussi déposé cent mille écus. Sur ce, grand conflit de directions, indépendamment du gouvernement démocratique proposé par les acteurs : gouvernement qui eût bien pu porter une atteinte grave à la loi salique, car les dames exerçaient une formidable influence à l'Académie royale de Musique. Monsieur Dauvergne avait pour lui les grandes robes des échevins et l'oreille d'un ministre ; mais messieurs Berton et Trial sollicitaient sous la protection d'un double Saint-Esprit. Or, le ciel ayant dû nécessairement combattre pour eux, ils triomphèrent.

Le prévôt des marchands n'accepta que momentanément ce dessous : comme ces généraux habiles qui ne battent en retraite que pour prendre une position favorable, ce magistrat municipal revint à la charge, et fit adjoindre messieurs Dauvergne et Jolliveau à messieurs Breton et Trial. Ce n'est pas tout, monsieur Rebel, qui n'avait pas quitté volontiers la direction, surgit tout-à-coup au milieu de ce quatuor de directeurs, avec un brevet d'administrateur-général de l'Académie royale de Musique, signé Louis XV. Ce dut être un beau coup de théâtre ; mais il n'eut pas l'assentiment général, comme bien vous pensez. J'ai beaucoup anticipé sur les évènements pour vous les raconter; car messieurs

Dauvergne et Jolliveau ne furent adjoints à la direction qu'en 1769, et monsieur Rebel n'advint, en Jupiter de dénouement lyrique, qu'un an ou deux après.

Au milieu du brouhaha causé dans le *tripot lyrique* (terme consacré) pour le changement de direction, les intrigues secrètes, les petits scandales avaient été leur train à l'Opéra. Vers la fin de février, il s'y passa une aventure tellement... colorée que je ne sais, en vérité, comment la consigner sur cette page, pour concilier l'exactitude historique que je vous dois, avec la chasteté de récits que je me suis prescrite. Essayons pourtant : Madame Larrivée, dont je vous ai dit le mariage, aimait encore beaucoup son mari après plusieurs années de ménage : c'était d'un bon exemple pour cet époux-là. Mais, hélas ! les bons exemples sont si souvent perdus, surtout en matière de fidélité conjugale. Un jour, jour néfaste ! madame Larrivée acquit la certitude, par un témoignage irrécusable, quoique ce ne fût pas celui de ses yeux, qu'elle était trompée par l'homme qu'elle aimait si consciencieusement. Le coupable, dans l'impossibilité de nier un double grief, nomma sa complice: c'était mademoiselle Fontenet, cantatrice d'un mérite secondaire, à laquelle monsieur le duc de Grammont voulait beaucoup de bien, et qui, comme vous pouvez le deviner, le menaçait, si déjà la menace n'était pas accomplie, d'une bien étrange réciprocité.

Mademoiselle Fontenet était la plus caressante des amies de madame Larrivée: (c'est assez souvent comme cela); un matin qu'elle arrivait chez cette amie, gaie, souriante, empressée, comme elle allait pour l'embrasser, la dame outragée la repoussa avec horreur... Surprise, ou du moins paraissant l'être, mademoiselle Fontenet demande l'explication d'une conduite qui, dit-elle, lui paraît incompréhensible. Madame Larrivée ne riposte que par un déluge d'injures, à travers lesquelles perce l'injonction *de s'examiner*. Soit stupéfaction, soit subtilité, l'inculpée se retira sans avoir compris; ce ne fut que rentrée chez elle que le sens des reproches de sa camarade pénétra dans son esprit alarmé : tel est du moins ce qu'elle affirma depuis. Alors elle saisit la plume et protesta, en écrivant à l'accusatrice, de son innocence la plus complète, sous le double point de vue de l'inculpation. Larrivée était présent à la réception de la lettre défensive ; après l'avoir parcourue, sa femme lui dit un *lisez* digne d'une héroïne de Sparte... Le mari, non seulement soutint l'accusation, mais la corrobora, en adressant à mademoiselle Fontenet la plus injurieuse diatribe.

L'affaire était bien délicate pour être portée au prétoire de monsieur le duc de Grammont; cependant, furieuse à tort ou à raison, l'actrice secondaire réclama l'appui de ce seigneur. Comment prit-il la chose? Je l'ignore; mais il fut convenu que les parties comparaîtraient devant les directeurs, bien que la cause ne fût pas précisément de leur ressort.

En présence des juges arbitres, c'est mademoiselle Fontenet qui se plaint, non seulement de l'atteinte portée à sa réputation par les époux Larrivée, mais de ce qu'on ose la déclarer coupable d'un genre d'inoculation dont, assurément, monsieur le comte de Lauraguais ne se constituerait pas le défenseur. Le duc, à tout évènement, appuie les plaintes de sa maîtresse, et demande, en son nom, une ample réparation. Les directeurs, qui n'ont rien vu d'applicable à l'espèce dans le code de l'Opéra, déclarent que la cause n'est point du tout lyrique, et décident seulement qu'elle sera portée devant monsieur le comte de Saint-Florentin.

Pour peu que vous ayez entendu raconter les faits et gestes de ce ministre, l'un des conseillers auliques du Parc-aux-Cerfs, vous comprendrez qu'il était trop versé dans le genre d'affaires sur lequel on appelait son attention pour ne pas indiquer tout d'abord la marche à suivre. Après une courte audition, l'homme d'état, à la demande de mademoiselle Fontenet, ordonna que le sieur Pibrac et son confrère se transportassent au domicile d'icelle, afin d'exercer le genre d'expertise qui fut jadis appliqué à Jeanne d'Arc, en la ville de Poitiers, comparaison expressément gardée, quant à la chose à constater.

Cependant madame Larrivée, dans le temps même où les docteurs expérimentaient, s'avisa d'une noirceur extra-judiciaire, à laquelle personne assurément n'avait pu songer. Elle s'était dit : Puisque monsieur le duc de Grammont se fait avec tant de chaleur le champion de mon adversaire, je vais le mettre en cause à ma manière. Et l'irascible actrice écrivit à la duchesse à peu près en ces termes : « Madame la duchesse, je n'ignore pas qu'il y a « peu de rapports intimes entre vous et « monsieur le duc ; toutefois il est des ins- « tants, en ménage, où les inclinations se

« réveillent. Or, pour une de ces circonstan-
« ces fortuites, je crois devoir vous préve-
« nir qu'il serait dangereux pour vous de
« répondre à la tendresse de monsieur le
« duc, qui serait une tendresse bien traî-
« tresse. » Cette lettre ouvrit une troisième
source de larmes : madame Larrivée pleurait
avec rage l'infidélité de son mari ; Mlle Fontenet pleurait, disait-elle, les calomnies dont
on osait l'atteindre, et la duchesse se prit à
pleurer, frappée de la crainte d'un avis tardif.
Quel fut le résultat de tant de pleurs versés,
d'un si grand scandale produit ? je ne puis
vous le dire : cette aventure, qui avait circulé
avec une extrême vivacité dans le monde,
s'ensevelit soudain dans le mystère, comme
ces rivières qu'on voit tout-à-coup disparaître
après un cours torrentueux. Ce fut, pour la
malignité publique, une comédie sans dénouement ; ou plutôt, par une sage combinaison, les parties belligérantes convinrent
d'un tort réciproque, celui d'avoir fait du

bruit. Les curieux pressèrent plus d'une fois le docteur Pibrac de révéler ce que l'expertise lui avait appris; il répondit toujours : « La « mémoire du médecin, comme celle du prê- « tre, est le tombeau des secrets : *tumulus* « *arcanorum,* ajouta-t-il, pour faire preuve « d'érudition. »

L'aventure que je viens de raconter ne fut que ridicule; celle qui lui succéda, dans les entretiens de la capitale, tourna au tragique, quoique le héros fût un auteur d'opéras et de comédies. Sedaine vivait depuis assez longtemps dans la plus douce intimité avec madame Le Comte, qui, charmée des talents de l'auteur d'*Aline,* lui vouait toute la tendresse dont la reine de Golconde brûlait pour Saint-Phar. Mais il paraît que cet écrivain, passé de l'atelier du maçon au pupitre du poète, ne fut pas plus constant dans sa première tendresse qu'il ne l'avait été à sa première profession. Au mois de mai, les fleurs et les amours renaissent; mais les fleurs sont fidèles à qui les cultive, et les amours se plaisent dans une certaine variété de culture. Au mois de mai donc, Sedaine s'éprit de la fille d'un avocat, mort l'année précédente, et la demanda en mariage. La maman professait une antipathie très prononcée pour les gens de lettres; elle refusa son consentement; mais le goût de sa fille était diamétralement opposé : elle fit des sommations respectueuses et se disposa à épouser.

Jusqu'alors Sedaine avait tu son projet à madame Le Comte; il fallait bien pourtant le lui apprendre : l'aveu était délicat, et le poète le fit avec toute la brusquerie d'un maçon. L'amante abandonnée pleure, sanglotte, jure qu'elle en mourra. L'infidèle, qui se persuade qu'en telle situation on ne meurt de la perte d'un amant que jusqu'au jour où il est remplacé, ne tient compte ni des pleurs ni des serments mortuaires de la dame.

Que fait alors madame Le Comte? Elle va trouver la prétendue, et lui demande en grâce de différer son mariage d'une seule année. Il est à présumer qu'en sondant son trésor de tendresse, madame Le Comte avait reconnu qu'il ne lui en restait plus que pour un an. Mais, en fait de mariage, les demoiselles se prêtent peu volontiers au système de temporisation ; d'ailleurs, l'amour est celui de tous les sentiments qui vit le moins dans l'avenir.. La fille de l'avocat garda un silence évidemment négatif. Alors madame Le Comte lui offre cinquante mille livres, si elle accepte le délai. A l'époque essentiellement calculatrice où nous avons le bonheur de vivre, peut-être une proposition, flanquée d'un aussi formidable appui, pourrait-elle caresser l'oreille d'une fiancée, en y laissant un doux retentissement de cachemires et de diamans. mais celle dont je vous entretiens vivait dans le siècle encyclopédique : elle se piquait de philosophie en toute chose, un point excepté.

Or, cette exception était impérieuse; les cinquante mille livres furent refusées ; le mariage s'accomplit, et Mme Le Comte mourut de chagrin peu de temps après... « Eh bien ! « dit Sedaine en l'apprenant, voilà un effet « de désespoir que je n'aurais pas osé ris- « quer au théâtre : j'aurais redouté qu'on ne « criât à l'invraisemblance..... » Et puis allez donc prendre au mot la sensibilité des poètes !

Pendant près de trois semaines la muse élégiaque remplit le MERCURE de lamentations rimées sur le cruel destin de madame Le Comte ; puis, tout-à-coup, la poésie de ce journal tourna du lamentable au gai, en reproduisant l'anecdote suivante sur tous les rhythmes de la prosodie française.

Mademoiselle Allard, sortie du mauvais pas où l'avait jetée son adorateur, grand seigneur, bâtonné par son amant le *vilain*, faisait de nouveau des siennes dans l'été de 1767. Un baron allemand lui avait fait accepter ses hommages, précédés de mille louis d'or, et s'était trouvé si heureux des suites de cette conclusion, qu'il lui offrit presque immédiatement de la conduire à l'autel.

— Mon cher baron, lui répondit-elle, votre proposition m'honore infiniment ; mais je vous le dis avec franchise, le mot de mariage me fait trembler. Je respecte beaucoup l'autel dont vous me parlez ; pour cela même, je ne m'en approcherai, le cierge conjugal à la main, que le plus tard possible, afin d'être plus digne de m'y présenter. Je préfère, pour le moment, les petits autels de toile peinte autour desquels voltigent nos amours d'Opéra.

— Mais enfin, mademoiselle, l'existence que je vous offre est bien plus honorable que celle du théâtre.. Baronne, honorée dans le château de mes nobles aïeux...

— Assez, assez, monsieur le baron, interrompit la danseuse ; je vois déjà votre vénérable manoir, flanqué de grosses tours et surmonté d'un gigantesque donjon... Je pénètre en frémissant sous la sombre poterne, et j'arrive, glacée d'effroi, dans la grande salle où sont peints vos ancêtres barbus, cuirassés, le casque en tête... Je les vois me regarder de travers, moi, chétive danseuse, qui viens fourvoyer ma roture à travers leur lignée illustre... Puis arrivent vos nobles parents en chair et en os, non moins raides dans leurs habits que ces paladins dans leur armure... Ils me toisent d'un regard superbe, et se baragouinent entre eux : « le cousin est fou d'avoir épousé cette petite danseuse, et c'est un très mauvais parent de s'être exposé à lui faire des enfants qui nous priveront de sa succession... » Voilà, M. le baron, ce qui se passerait; et vous concevez que, toute dorée qu'elle serait, ma chaîne me paraîtrait fort rude. Je payerais trop cher l'honneur de figurer un jour parmi les portraits de votre galerie, où je n'apporterais, pour contingent historique, que mes gargouillades, mes entrechats et mes précédents un peu trop anecdotiques de l'Opéra.

— Mademoiselle, reprit le noble Allemand

avec une gravité toute germanique, vous réfléchirez à ma proposition, et j'ose espérer que vous changerez d'avis.

— Je m'en garderai bien ; je me défie de la réflexion : je ne m'y suis jamais livrée sans qu'elle m'ait privée d'un plaisir ; ce qui m'a prouvé que réfléchir est une sottise.

— Vous me refusez décidément, mademoiselle...

— Nous avions passé un bail ; j'en ai rempli les clauses ; mais je ne veux pas vendre le domaine que je loue.

— Vous me reduisez au désespoir, repliqua l'allemand avec autant de flegme que s'il eût dit : je viendrai souper ce soir avec vous.

— Votre désespoir est trop calme pour que j'y croye.

— Vous y croiriez sans doute si l'on vous apprenait que je me fusse brûlé la cervelle.

— Assurément ; mais....

— Mais, interrompit à son tour le baron,

vous ne l'apprendriez pas, parceque je vous aurais poignardée auparavant.

— Juste ciel, s'écria mademoiselle Allard, effrayée, délivrez moi de ce furieux à la glace.

Ce ne fut pas le ciel qui opéra cette délivrance, mais le sieur Vestris, qui entra en ce moment chez sa camarade, avec un oubli complet de cérémonial ; et le baron dut en conclure qu'en se tuant, il sacrifierait sa noble cervelle beaucoup trop gratuitement. En effet, Vestris second était né depuis plusieurs années ; le nom de *Vestrallard*, que l'on donnait dans le monde à cet enfant, énonçait trop clairement son origine pour qu'on ne jugeât pas le soupirant des rives du Rhin, digne d'entrer à Charenton. Le baron lui-même se dit quelque chose comme ceci : « Elle a raison, Mlle Allard, je ne vois pas ce qu'en devenant ma propriété matrimoniale, elle m'offrirait de plus qu'elle ne m'a donné par notre bail à loyer... si ce n'est... Mais ce don complémentaire, qu'elle m'a fait par anticipation, grâce au danseur Vestris, il est fort inutile de me le faire octroyer par contrat. Sur cette conclusion très logique, l'honnête Germain monta dans sa chaise de poste, allégée d'environ douze mille écus, semés sur les dépendances de l'Académie Royale de musique, et retourna dans son nid crénelé. Quelques mois après, on apprit qu'il venait d'épouser la fille d'un bourgmestre, qui lui avait fait, sous l'empire du contrat, le don qu'il n'eût pas eu plus complet de mademoiselle Allard.... Mais il valait mieux encore cela que de se brûler la cervelle : au moins le malheur s'arrêtait à la superficie.

L'année 1767 ne fut pas féconde en nouveautés dramatiques, et l'Académie Royale de musique, plus que tout autre théâtre, fit déplorer sa stérilité. La salle des Tuileries n'avait pas encore retenti des acclamations d'un beau succès ; la muse lyrique semblait dormir sur sa harpe détendue. Un nouvel athlète se présenta pourtant dans la grande lice musicale à

la fin de novembre. Philidor, connu par une multitude d'opéras-comiques, représentés sur les scènes secondaires, et célèbre pour son habileté à jouer aux échecs, débuta sur le théâtre des Tuileries par *Ernelinde*, opéra de Poinsinet, écrivain doué de quelque talent, quoique d'une simplicité candide. Les gazettes avaient fait grand bruit de cet opéra, et l'on avait alors une grande confiance dans le dire des gazettes, parcequ'on y professait comme un devoir, cette conscience littéraire, qui n'est aujourd'hui que le plus niais des ridicules. Le public ne fut pas de l'avis des journaux: *Ernelinde*, drame Scandinave, malheureusement traité par le poète, ne put être sauvé du naufrage par une musique très agréable ; mais la mort de cet opéra fut douce. « M. Philidor, dit à ce compositeur un habi-
« tué du café de la Régence, à propos d'*Erne-*
« *linde*, vous avez bien joué ; et pourtant, une
« mazétte vous a fait *échec et mat*. — Que vou-
« lez-vous, mon cher, répondit le musicien,

« ce diable de Poinsinet ne sait jouer que *son*
« *fou :* cela désoriente les sages. »

Quelques jours après la première représentation, il parut au bal de l'Opéra une satire vivante d'*Ernelinde* : trois masques représentaient les trois rois groupés dans l'opéra nouveau, avec des inscriptions critiques qui les caractérisaient. Un quatrième masque portait, écrit sur le front, *femme impie !* mot souvent répété dans l'Opéra. Le cinquième personnage, déguenillé, portant une mauvaise perruque et un domino jonché de vers tirés du poème d'*Ernelinde*, figurait la poésie. Il s'appuyait sur un sixième masque, tout bariolé de musique, et pliant sous le faix de la poésie, qui paraissait, en effet, d'une pesanteur accablante.

Ces épigrammes en action étaient à la mode durant l'hiver de 1767 à 1768, au bal de l'Opéra. On y vit, parodié, à peu près tout ce qui avait occupé la renommée dans le cours de l'année qui venait d'expirer : ici c'était *Aline*, reine de Golconde par devant, laitière provencale par derrière, et défigurée sur sa double face, par de grandes cicatrices, mêlées de notes de musique. Ailleurs on voyait la tragédie des *Scythes*, donnée par Voltaire à la Comédie Française. Le masque qui la parodiait était monté sur de hautes échasses, dont l'une, plus basse que l'autre, faisait boiter la tragédie. Elle rencontrait, comme par hasard, la comédie et lui disait : « me voici, ma chère, « et félicitez mon auteur, car il n'a mis que « douze jours à me faire... Retournez donc « vers lui, répondait le théâtre personnifié, « et priez - le bien humblement, de notre « part, d'employer douze mois à vous corriger. » Plus loin *Bélisaire*, environné de fagots, marchait devant des ânes coiffés de bonnets carrés et portant rabats, qui le fouettaient, en l'agonissant en latin du malade imaginaire. Dans une autre partie de la salle, *un économiste* marchait gravement avec une perruque de luzerne, surmontée d'une couronne de carottes ; il portait à la main, en guise de palme, un pied de céleri. Tout cela caquettait, intriguait, échangeait des malices; tandis qu'une nuée de dominos roses, bleus, gris-perle, couleur feu, croisaient un cliquetis de propos moins caustiques avec des cavaliers en habits aux basques fleuries, en talons rouges et poudrés au givre, qui traitaient ces jolis masques avec une courtoisie prodigue de termes qualifiés aujourd'hui de pittoresques, mais qu'on appelait alors grivois, et qui promettaient. A l'un de ces bals on se racontait, avec variantes, une aventure des plus bizarres, que le *Mercure* avait consignée ainsi.

« Les émanations de la chasteté sont de nos jours un parfum si rare, si fugitif, qu'il faut le respirer avec empressement partout où il se présente. Madame Bontemps, veuve du premier valet de chambre de sa majesté, est une de ces femmes à principes robustes dont nos libertins, mal intentionnés en tout, font résulter la vertu du silence des passions. Toute cuirassée que se présente cette minerve, un ga-

lant, qui signait le *Chevalier de Vertumne*, lui fit, il y a quinze jours, une déclaration digne du temps des chevaliers de la table ronde.
« Je vous offre, lui dit-il, dans un billet, une
« pension de 2,000 écus, si vous voulez seu-
« lement aller à l'Opéra une fois par semaine
« et porter, en entrant dans votre loge, un coup
« d'œil vers le dernier banc du parterre, près de
« l'orchestre. Je ne manquerai jamais de m'y
« trouver, et je me contenterai de ces quatre
« regards par mois. Dans la persuasion que
« cet arrangement vous conviendra, je vous
« envoie d'avance le prix des quatre premiers
« coups d'œil, en un billet de 500 livres. »
Cet amant était, sans doute, un financier, habitué à faire l'application des comptes-faits à tout, sans se donner la peine d'examiner si tout peut s'acheter. Le récit du *Mercure* s'arrêtait là.

Madame Bontemps était une femme fort belle encore, qui assurément ne vendait pas ses regards, qu'elle pouvait trouver plus agréable de diriger gratuitement, mais à son gré; et son veuvage lui en donnait le droit incontestable. Ce qu'elle devait faire dans cette circonstance, c'était tout naturellement de porter les cinq cents livres à M. le curé de sa paroisse, pour être distribués aux pauvres, et de jeter au feu la lettre du *chevalier de Vertumne*. Au lieu de cette conduite si sage, si digne de la réputation immaculée dont cette dame se prévalait, peut-être un peu haut pour qu'il n'y eût pas quelque vanité dans son fait, elle courut chez le Lieutenant-Général de police, et lui porta la déclaration et l'argent. M. de Sartines lut l'étrange missive avec le sourire d'un homme habitué à de plus graves plaintes, à l'endroit des amours audacieux, quand par hasard on s'en plaignait ; puis il dit à la Pénélope, en aiguisant encore un peu son sourire.

— Voulez-vous, madame, entendre un conseil que je crois sage?

— Je viens vous le demander, monsieur.

— Si je fais des recherches pour trouver votre singulier adorateur, qui en définitive ne sera passif que d'une semonce, il faudra que sa lettre passe en beaucoup de mains. Or, le serment de discrétion que je demanderais à mes gens serait, il faut bien vous l'avouer, une anomalie en matière de police, et l'exiger me paraît d'ailleurs le moyen le plus sûr de ne pas l'obtenir. Dans huit jours il ne sera bruit à la cour, à la ville, aux champs, que des regards à cent vingt-cinq livres la pièce qui vous sont demandés, et le prétendu *chevalier de Vertumne* n'étant pas connu, c'est contre vous, madame, que les traits du ridicule seront décochés.

— Mais monsieur, si je ne cherche pas à faire punir l'insolent, il croira que je l'approuve.

— Quand vous irez à l'opéra ne regardez jamais vers le dernier banc du parterre...

— Il m'accusera alors de voler son argent.

— Vous me faites naître une idée, Madame, et je suis sur la trace d'un moyen de punir le téméraire.

— Je vous écoute, monsieur le Lieutenant-Général.

— Vous allez demain à l'opéra ; en entrant dans votre loge, vous paraissez diriger vers l'orchestre l'acquit d'un à-compte de cent vingt-cinq livres.

— Ah ! monsieur !

— De grâce, madame, écoutez moi jusqu'au bout... Pour prendre aisément les mouches, il faut répandre du miel sur leur passage.... Votre regard sera même expressif, encourageant.

— Fi l'horreur !...

— Eh ! ne voyez vous pas poindre la vengeance !... Votre homme, abusé, viendra vous trouver....

— Quoi, monsieur, vous pensez qu'il viendrait....

—Il se gardera bien d'y manquer.. Je connais le monde galant : il est de mon ressort comme le reste.

— Ensuite, monsieur le Lieutenant-Général, ensuite.....

— Je me trouverai dans ma loge ; votre main, couverte d'un gant blanc, posée sur le velours de la balustrade, est le signal de la présence du quidam ; je le fais saisir au sortir du théâtre, et huit jours de For-L'évêque lui apprennent à respecter les femmes de qualité... qui veulent-être respectées... Approuvez-vous mon projet, madame?

— Sans doute, monsieur, si vous êtes bien sûr de pouvoir faire saisir l'insolent.

— Madame, on m'appelle de Sartines.

— Il est vrai, monsieur le lieutenant-général, que ce nom est une garantie... A demain donc, ajouta madame Bontemps en se levant.

— Protéger la beauté et la vertu réunies, dit le magistrat en baisant la main de sa belle cliente, est un devoir trop doux à remplir pour que je manque au rendez-vous que je vous ai moi même indiqué, madame... A demain, sans faute.

Le lendemain M. de Sartines était à l'opéra de très bonne heure ; madame Bontemps arriva plus tard, afin que tous les spectateurs du parterre eussent pris place avant elle. En entrant dans sa loge, la dame porta sur le point indiqué un regard qui, évalué au tarif de son adorateur inconnu, valait plutôt deux cents cinquante livres que cent vingt-cinq. Loin de moi l'idée de concevoir le moindre doute sur la chasteté de la Pénélope dont je vous entretiens ; mais elle n'eût fait toute sa vie que d'exercer sa prunelle aux coups-d'œil encourageants, qu'elle n'aurait pas mieux accompli les intentions de M. le Lieutenant-Général de police.

Que se passa-t-il en elle après ce signal convenu avec le premier magistrat commis à la sûreté parisienne, lorsqu'elle s'aperçut que rien au parterre ne révélait l'émotion qu'elle croyait y avoir produite? Je ne me hasarderai pas à vous dire ce que j'en pense ; nous pourrions, vous et moi, différer d'avis ; et si par hasard les tergiversations de ma pensée allaient, dans la vôtre, déflorer la pureté d'intention de madame Bontemps, j'en serais désespéré. Au bout d'un quart d'heure, la veuve du premier valet de chambre de S. M. trouva qu'il faisait une chaleur insupportable dans sa loge, quoiqu'on fût au milieu d'un hiver assez rigoureux ; elle entr'ouvrit la porte. Le laquais qui devait être chargé du message que vous savez était là, planté comme le Dieu Terme.

Un assez grand nombre de spectateurs se croisaient le long du corridor, allant au foyer ou en revenant, dans l'attente de l'ouverture de *Dardanus*, qui devait rappeler chacun à sa place.

Madame Bontemps, inattentive au vent coulis qui s'introduisait dans sa loge, avait fixé sa vue rêveuse sur ce spectacle mobile : à quoi rêvait-elle ? c'est encore un point que je veux laisser indécis et pour cause. Enfin, au moment où le premier coup d'archet de l'opéra, érigé en merveille dans le monde provincial, venait d'éclater à l'orchestre, un personnage inconnu, ayant achevé d'ouvrir la porte de la loge, présenta dans le cadre de son ouverture, le plus beau jeune homme du monde : traits nobles et réguliers, taille svelte et élancée, tournure élégante, jambe d'Apollon Pythien ; telles furent les perfections qui s'offrirent à la belle veuve.

— Madame, dit l'inconnu d'un accent qui complétait toutes ses séductions, oserai-je solliciter de vous une seconde d'entretien.

— Mais monsieur... et madame Bontemps se dit à elle même : mon Dieu ! est-ce que ce serait lui.

— Daignez, madame, reprit le jeune homme, m'accorder la grâce que je vous demande : je me jette moi-même dans la direction de vos projets... je viens vous offrir une tête coupable.

— Quoi ! monsieur, vous seriez la personne qui osa m'écrire, il y a deux jours, et qui ajouta à ce trait d'audace en joignant à sa lettre.... Je n'ai pas le courage d'achever.

Madame Bontemps manquait en effet de courage, surtout de présence d'esprit en ce moment, et l'on concevra facilement son trouble. Elle s'était attendue à voir paraître quelque gros, court, ridicule financier, à l'élocution épaisse comme sa tournure, et qu'elle pourrait terrifier de toute sa hauteur de grande dame et de femme outragée. Point du tout, c'était un Antinoüs en habit brodé, un Adonis en talons rouges qui se présentait devant elle : toutes ses résolutions étaient bouleversées.... Elle ne savait plus que faire, que répondre... et, par un de ces mouvemens instinctifs qui s'exécutent sans le concours de la volonté, au moins le croit-on, elle s'éloigna de la balustrade, de peur que sa main couverte d'un gant blanc, ne vînt à s'y poser et ne donnât ainsi le signal à monsieur de Sartines... Le projet d'incarcération au for-l'évêque était déjà bien loin.

— Vous avez, Madame, reprit l'inconnu, invoqué l'assistance de monsieur le lieutenant-général de police contre moi : je le savais, et je ne me suis point mépris sur l'intention du regard, masqué d'une adorable expression, que vous avez daigné diriger vers le parterre. Or, quoique j'aie pu vous paraître un sot accompli, en me jugeant d'après la démarche, stupide en apparence, que j'avais faite auprès de vous, je ne me serais pas avisé, prévenu comme je l'étais, de me présenter devant vous, si je n'avais pas espéré vous éviter un désagrément. Je pense un peu, Madame, comme M. de Sartines... Le bruit vous servirait mal ; et je professe pour vous une trop vive admiration pour ne pas prévenir cet éclat, dont votre indignation n'avait pas calculé les suites... Me voici, Madame, accablez moi de vos sévérités, faites ouvrir, pour m'y plonger, les plus noirs cachots de la Bastille; mais frappez dans l'ombre, et ne jettez pas votre vie en proie à cette hydre aux mille têtes, qu'on appelle l'opinion publique.

— Mais enfin, monsieur, répondit Madame Bontemps, parvenue à se rendre un peu maitresse de son trouble, quel était donc votre dessein en m'écrivant cet étrange billet, accompagné d'un plus étrange envoi ?

— J'espérais, par la singularité de ce moyen, exciter votre attention d'une manière quelconque : il me paraissait impossible que vous ne cherchassiez pas à nettoyer vos mains de l'indigne présent que j'avais osé vous faire; et selon la direction de vos démarches, je me promettais de diriger les miennes.

— Ce que vous me dites là, monsieur, substitue dans mon esprit l'idée d'une démarche très subtile à celle d'une lourde insulte; mais cela ne me dit pas quelles pouvaient être vos vues, ajouta la dame en arrangeant quelque chose à sa ceinture, pour avoir occasion de baisser ses grands yeux noirs.

— Ce n'est, Madame, ni le lieu ni le moment de répondre à cette question, répliqua l'inconnu d'une voix timide et hésitante, à laquelle il s'efforça même d'imprimer un léger tremblement. Et l'Antinoüs en talons rouges, qui s'était avancé progressivement dans la loge, posa en cet instant sur la balustrade, sa main gantée de blanc comme celle de la veuve...

— Mon Dieu ! monsieur, otez donc votre main, s'écria-t-elle avec une sorte d'effroi, en songeant au terrible résultat de ce signal..

— Je me retire, Madame, reprit le beau cavalier, et je vais me préparer à subir l'effet de votre colère. On me nomme le chevalier de Vervelle; je suis commandeur de l'ordre de Malte, et je demeure rue de l'Université n° 27.

Le chevalier avait appris l'entretien de la belle plaignante avec monsieur de Sartines, d'un secretaire intime de ce magistrat, qui avait tout entendu ; il ne lui était pas possible de se méprendre sur la signification du cri que Madame Bontemps avait jeté lorsqu'il avait posé la main sur la balustrade ; le charmant ennemi des infidèles.... de barbarie s'éloigna, bien rassuré sur les suites de la grave inculpation.

Que vous dirai-je des suites de tout ceci que vous n'ayez déja deviné ? M. le Lieutenant de police, par une discrétion de bon goût, ne parla point à madame Bontemps des sévérités terribles qu'elle s'était proposé d'exercer, et dont le projet paraissait abandonné. Sartines était un homme qui connaissait son époque.

Environ quinze jours après l'entrevue de la dame irritée et du chevalier de Vervelle à l'Opéra, une très jolie femme de 30 à 35 ans, dans un délicieux négligé du soir, était assise auprès du feu dans un élégant boudoir, bien clos, bien mystérieux ; son siège était une moelleuse ottomane, qu'elle partageait avec un chevalier de Malte, revêtu de son brillant uniforme écarlate à revers noirs, brodés en or; il avait au cou la croix de l'ordre, suspendue en sautoir. Vous nommer ces deux personnages serait faire injure à votre sagacité.

— Je vous en veux pourtant encore chevalier, disait l'adorable veuve en caressant de la main l'insigne pendu au cou du commandeur.

— Vraiment, madame, répondit-il avec un sourire qu'il pouvait rendre hardiment dénégatif.

— Oui, je vous en veux du nom que vous aviez pris, et qui, je gage, était une épigramme?

— Contre qui donc l'aurais-je dirigée, cette épigramme?

— Contre moi. Ce nom de *chevalier de Vertumne*, en faisant allusion aux projets que vous conceviez, ne voulait-il pas dire que vous étiez épris d'une femme parvenue à son automne.... Je sais la mythologie, monsieur.....

— Comment aurai-je pu concevoir une aussi maligne pensée, quand l'objet de mes vœux réunit tous les charmes du printemps?

Et comme madame Bontemps jouissait toujours d'une renommée de chasteté sans tache, je finis le récit de son aventure sur ce mot de madrigal.

XIV.

DIVERSITÉS ARTISTIQUES ET GALANTES.

Vestris, qui avait du s'éloigner de l'Opéra, selon toutes les apparances, par suite des manières un peu trop rudes à l'aide desquelles il disputait les cœurs aux puissans du jour, reprit son emploi de premier danseur au mois de janvier 1768 : emploi qu'il dut partager avec Gardel, qui, en son absence, en avait été pourvu. Cette rentrée prolongea de quelques jours l'agonie d'*Ernelinde*, dont on disait que la musique ressemblait à tout, et que les paroles ne ressemblaient à rien. Mais les représentations de cet Opéra ne purent aller au-delà de dix-neuf ; monsieur le duc de Chartres avait parié cent louis qu'il ne serait pas joué vingt fois ; l'abandon du public lui fit gagner son pari.

La pauvreté de l'Opéra était flagrante à l'époque où cette histoire est parvenue ; il fallut retourner encore le vieux sac de Lully et de Rameau ; on reprit *Issé, Titon et l'Aurore, Dardanus* ; le *Devin du village* fut repris aussi pour les débuts de mademoiselle d'Ervieux, actrice dont le nom devait faire beaucoup plus de bruit dans le monde galant que dans les fastes de l'Opéra. A propos du charmant petit acte de Jean-Jacques Rousseau, je dois dire que cet illustre écrivain présenta vers ce temps à l'Académie Royale de Musique, un opéra intitulé les *Neuf-Muses*, que les nouveaux directeurs lui avaient demandé. Mais cette œuvre lyrique, ayant été essayée chez le prince de Conti, au Temple, fut déclarée non jouable... « Mon cher Rameau, dit ce prince au poète-musicien, vos muses me paraissent charmantes, mais elles ne sont que huit : la musique a manqué au rendez-vous ; elle est restée au village. »

Au commencement de l'année 1768, mademoiselle Guimard avait détrôné Mlle Arnoux : c'était elle qui occupait le premier rang à l'Opéra ; les directeurs Berton et Trial, encore mal affermis dans leur administration, lui parlaient chapeau bas, lui demandaient des conseils, déféraient à ses avis. Quelques mots vous expliqueront ce crédit de la célèbre danseuse : elle était la maîtresse du maréchal prince de Soubise, qui l'entretenait dans le luxe le plus extravagant. Meubles, équipages, bijoux, parures, tout ce que mademoiselle Guimard étalait aux yeux éblouis des parisiens, soutenait la comparaison avec ce que les princesses du sang possédaient de magnificences.

Cette reine du *magasin* donnait trois soupers par semaine : le premier, où régnaient des manières exquises, se composait des plus grands seigneurs de la cour et des personnages de la plus haute considération. Le second souper, imité des repas donnés par madame de Geoffrin, offrait une réunion d'hommes de lettres, de savans, d'artistes : c'était un hommage aux muses, dont mademoiselle Guimard faisait les honneurs avec autant d'aisance qu'elle montrait de dignité au souper des grands seigneurs. Enfin, dans le troisième *médianoche,* composé de femmes galantes, d'actrices, de danseuses, de roués appartenant à toutes les conditions, le naturel avait la bride sur le cou : on s'y livrait à l'orgie échevelée ; et s'il faut être sincère, la maîtresse du logis, était là dans son centre d'affections. Aux deux autres réunions elle jouait la comédie.

Pour tout dire, le luxe et les fêtes de mademoiselle Guimard, étaient un scandale public qui révoltait d'autant plus les gens sages, qu'on voyait tout ce que la cour offrait d'hommes distingués et même illustres, se plonger dans cette fange brillante, et l'alimenter des tributs de leurs vices. Autrement et malgré l'extrême prodigalité du prince de Soubise, il eût été impossible qu'il pût suffire à fournir au torrent des dépenses inimaginables que faisait mademoiselle Guimard. Mais c'était un Pactole que la galanterie grossissait encore plus vite qu'il ne s'épuisait.

De ce cataclisme de dilapidations, on voyait de temps à autre surgir quelques actions généreuses... : voici un de ces diamans trouvés dans les ordures.

La célèbre danseuse avait accepté d'un jeune président à mortier, un rendez-vous dans un faubourg de Paris, avec 2,000 écus... L'hiver de 1768 était fort rigoureux ; mademoiselle Guimard, en traversant le quartier populeux à l'extrémité duquel son amant d'aubaine l'attendait, vit le spectacle déchirant de l'extrême misère, de la douleur, du désespoir... En ce moment peut-être, elle descendit dans sa conscience; et comparant cette horrible situation, contre laquelle combattait vainement un travail aussi pénible qu'assidu, à son existence gorgée de superfluités si facilement acquises, elle dut se demander à quels signes certains on pouvait reconnaître l'équité de la Providence.

Au milieu de ces plaisirs que mademoiselle Guimard ne vendait jamais sans en conserver le partage, elle ne cessa pas ce jour là d'avoir sous les yeux la population hâve, décharnée, grelottante sous ses vêtemens en lambeaux, qu'elle venait de contempler avec effroi. Pressée par un soin pieux, né au sein même de la débauche, elle quitta assez brusquement sa conquête du jour, et renvoyant son carrosse à vide, elle s'engagea avec résolution dans les rues sombres et tortueuses du faubourg.

Puis donnant à toutes mains les louis qu'elle venait de recevoir, elle disait en pleurant : « prenez, bonnes gens, prenez cet or ; il va « se purifier par l'emploi que vous en ferez. » Les pauvres qu'elle secourait ne comprenaient pas ; cette femme impure était pour eux un ange..... La reconnaissance déifie tout être bienfaisant.

La danseuse, lorsqu'elle rentra à son hôtel, avait distribué ses deux mille écus ; pendant le reste de la journée, elle ne voulut voir aucune de ses camarades ; elle se fit céler pour la foule de ses adorateurs ; et le soir en se couchant, elle se dit avec un long soupir... : « je conçois le bonheur que l'on goûte dans la bienfaisance ; au sein de ce que nous appelons, nous autres gens du monde, les délices de la vie, je n'ai jamais été aussi heureuse qu'aujourd'hui.

L'action que je viens de mentionner était belle assurément ; mais si la bienfaisance doit se cacher pour être méritoire, la célèbre danseuse devait plus que tout autre garder l'incognito; il serait bien superflu de vous dire pourquoi. Apparemment il n'en fut point ainsi ; car peu de jours après l'aumône splendide faite vous savez comment, Marmontel publia une longue et louangeuse épître en l'*honneur* de la beauté charitable : convenez que le mot *honneur* grimaçait un peu en tête de cette épître. Du reste l'auteur y qualifiait Mlle Guimard de *belle damnée*, ce qui lui parut charmant. Quelques années plus tard, quand elle tenait la feuille des bénéfices ecclésiastiques, plus que M. de Jarente, évêque d'Orléans, elle eût trouvé cette qualification détestable. Il eût été en effet fort ridicule qu'un honnête bénéficiaire reçût sa prébende des mains d'une créature brevetée par la poésie, sujette de Satan.

Les bals de l'Opéra pendant l'hiver de 1768, furent brillans et très suivis. En faveur du jeune roi de Danemarck Christian VII, qu'on attendait à Paris, les directeurs de l'Académie royale de Musique, pour compenser autant que possible, leur pauvreté lyrique, s'étaient efforcés d'ajouter à l'éclat de ces bals. Par exemple ils avaient imaginé d'y faire figurer des quadrilles de caractère, exécutés par les danseurs virtuoses et surtout par les danseuses les plus jolies. Cette disposition était parfaitement du goût de ces dernières, qui l'avaient même sollicitée afin de fixer l'attention du monarque voyageur. Cette exhibition de charmes manqua son effet sous ce rapport : Christian était un de ces rois philosophes, jusqu'à l'atteinte portée à leur *bon plaisir* exclusivement, qui avaient été mis en vogue par Frédéric II. Il faisait parade d'une gravité trop au dessus de son âge pour être réelle, mais qu'il mettait un certain amour propre à jouer habilement, lui souverain de vingt ans, en présence du monarque plus que sexagenaire qui nous gouvernait du parc aux cerfs. Le roi de Danemarck assista aux bals de l'opéra, parut voir avec une stoïcité imperturbable papillonner autour de lui les dominos provocateurs ; et quant aux fameux quadrilles dont MM. Berton et Trial attendaient un effet mirifique, Christian déclara que c'était un jeu de marionnettes très agréable à voir, en ne l'examinant pas de trop près.

Ce jugement du prince hyperboréen piqua singulièrement les danseuses : elles étaient au contraire très persuadées que le plus scrupuleux et le plus immédiat des examens ne pouvait que leur être très favorable ; et non seulement elles le pensaient, mais elles prétendirent le prouver à sa majesté Danoise. Quelques-unes imaginèrent pour cela un moyen très ingénieux : par une séduction frappée à la monnaie, elles obtinrent du tapissier décorateur des appartemens de ce prince qu'on plaçât leurs portraits dans le cabinet, dans le boudoir, dans la chambre à coucher. L'une de ces dames, Mlle Grandi, plus audacieuse encore, fit passer au royal voyageur une copie en miniature de ses charmes, dépouillés de tout ornement. Toutes ces prévenances d'excentrique galanterie échouèrent ou parurent échouer; les nymphes *du magasin*, furieuses d'avoir rencontré un cœur que semblait envelopper toute la glace de son royaume, donnèrent à Christian le sobriquet d'*ours du nord*, et déclarèrent que M. le duc de Duras, son chevalier d'honneur, était un *très mauvais cornac*.

Cependant si le roi de Danemarck s'amusait médiocrement au bal de l'opéra, d'autres s'y procuraient des plaisirs bien expansifs. On sait quels sont en général les récréations plus ou moins innocentes, auxqu'elles on se livre dans ces cohues, lorsqu'on a payé en entrant le droit d'y débiter des fadeurs, des malices et des impertinences, sauf à soutenir les premières en tête à tête et les dernières l'épée à la main. Mais sur cette trame tissée par la folie, où l'on rebrode assez généralement chaque année les mêmes détails, il se produit quelquefois des épisodes nouveaux :

Voici un fait d'un caractère particulier qui se passa à l'un des bals de l'Opéra, vers la fin de 1768. Poinsinet, comme je vous l'ai dit, avait composé un très mauvais opéra, sous le titre d'*Ernelinde;* le public l'avait sifflé : justice était faite ; mais en plaidant à grand orchestre cette mauvaise cause lyrique, les acteurs avaient été sifflés aussi. Ils s'en souvenaient amèrement ; or, cette bouderie rancunière durant, Poinsinet eut la mauvaise idée de se montrer au bal de l'opéra en habit de ville. Soudain les danseuses des quadrilles, Mlle Guimard en tête, entourent le poète infortuné, le tiraillent en tous sens, comme les diables firent du bon saint Antoine, et finissent par faire tomber sur ses épaules une grêle de coups de poings dont un athlète eût été jaloux.

L'auteur battu demande pourquoi on le *tourmente* ainsi (le mot était modeste.) « Parceque tu as fait un méchant opéra, répondent à la fois dix voix plus féminines que les poings qui avaient frappé ; et la grêle allait recommencer quand un exempt, déguisé en polichinelle, vint délivrer l'auteur d'*Ernelinde*, qui se retira roué, moulu, et déclarant à son libérateur que jamais sa réputation littéraire n'avait été plus rude à supporter.

Poinsinet venait d'apercevoir dans la foule quelques adorateurs des dames aux gestes contondans qui riaient à gorge déployée de sa mesaventure ; quoique d'une humeur peu querelleuse, il s'était senti un moment l'envie de leur demander raison d'une aussi indécente hilarité. Mais s'étant soudain rappelé la suite désagréable qu'avait eue pour lui une affaire d'honneur, bien qu'elle se fût arrangée, il réprima sur-le-champ cette velléité martiale.

Poinsinet, l'homme du monde le moins offensif, était sorti naguère de son caractère jusqu'au point d'insulter un gentilhomme. Provoqué par lui, l'auteur du *Cercle* ramasse le gant et accepte un rendez-vous à Vincen-

nes. Mais bientôt la réflexion calme son humeur batailleuse ; et bien fixé sur ses intentions, il reconnait qu'elles sont devenues extrêmement pacifiques. Il confie son embarras à un de ses amis, qui était médecin ; vous ne vous battrez point, mon cher, lui dit le docteur ; restez au lit demain matin et laissez vous faire. L'ami, s'étant fait donner l'adresse de l'adversaire lui écrit : « Mon« sieur, vous ignoriez sans doute quand vous
« avez fait accepter un duel à Poinsinet,
« que depuis quelque temps le pauvre dia« ble est devenu fou ; qu'il ne sait le plus
« souvent ni ce qu'il fait ni ce qu'il dit ; et
« ce soir il a complètement oublié qu'il ait
« une affaire d'honneur avec vous. Si vous
« voulez bien prendre la peine de passer chez
« lui demain matin de huit à neuf heures,
« vous serez convaincu de ce que j'ai l'hon« neur de vous dire. »

L'adversaire du poète, qui avait ses injures sur le cœur, veut se convaincre par ses yeux.

Or, sa conviction commence d'abord par le témoignage de ses oreilles : en arrivant chez Poinsinet, il entend de l'escalier d'horribles hurlements, qui partent de l'appartement du prétendu fou. On hurlerait à moins : une abondante douche, une cataracte glacée tombe à flots pressés, au mois de janvier, sur le crâne chenu du malheureux écrivain. Le gentilhomme demeure bien persuadé, du reste, par les traits décomposés et agités de contorsions démoniaques qu'il aperçoit à travers ce cataclisme. Poinsinet, en ce moment, ressemblait à un fleuve mythologique, qu'un malin enchanteur eût tourmenté au milieu de ses ondes. Le duelliste, pénétré de pitié, se retire en disant : « le pauvre gar-
« çon ! que je le plains. — Poinsinet, s'élance alors de sa baignoire en s'écriant : — Que la peste t'étouffe, docteur.... avec tes expédiens. — Expédiens de mon art : chacun agit dans le cercle de ses facultés. — Au dia-

ble les tiennes ; j'aurais préféré au coup d'épée ; une autre fois je me battrai.

Cependant Poinsinet ne se battit pas, dans une circonstance qui suivit d'assez près les douches conciliatrices.

« Félicitez-moi, messieurs, dit-il un jour à ses amis ; enfin l'on va jouer ma pièce : j'ai la parole des comédiens ; demain je me rends à leur assemblée à onze heures précises » Parmi les auditeurs il se trouvait précisément un auteur dramatique au même point d'instance que Poinsinet, et qui se fit fort de mettre en défaut l'exactitude qu'il se promettait. Vous voyez bien que la faconde d'exclusion des vaudevillistes de notre époque, n'est pas sans précédens, et vous allez reconnaître que les traditions ont été fidèlement suivies. Ce fut nommément le rival envieux qui félicita le plus haut l'auteur indiscret, en l'exhortant le plus sérieusement du monde à ne pas manquer son rendez-vous. Cependant un système perfide s'élaborait dans la tête du concurrent : il connaissait certaines personnes joviales qui, plus d'une fois déjà, avaient fait chère lie de la simplicité sociale de Poinsinet ; ce fut chez un de ses joyeux compagnons qu'on lui proposa de l'emmener souper. Sous l'empire de ses brillantes espérances, le poète accepta volontiers une occasion de se réjouir, sans réfléchir assez qu'il entrait presque toujours comme élément comique, dans les réjouissances des autres,

La maison où l'on soupait se trouvait dans un quartier éloigné, désert ; vers la fin du repas, on amena la conversation sur les accidents que l'on devait redouter dans les rues de Paris; et l'un des convives raconta d'un ton lamentable un assassinat commis récemment dans le quartier même. A ce récit, Poinsinet, dont le courage n'était pas décidément la qualité dominante, se trouble, balbutie et avoue naïvement sa frayeur. Tous les convives semblent la partager : chacun d'eux lui dit qu'il ne faut pas combattre ces mouvements secrets, qui sont souvent de mystérieux avis des malheurs que la Providence nous donne ainsi le moyen d'éviter. Poinsinet, ainsi que toute la compagnie, est retenu à coucher. Soulagé de ses craintes, il demande seulement en grâce qu'on l'éveille de bonne heure, pour qu'il ne manque pas l'assemblée des comédiens ; sur la promesse rassurante qu'on lui fait à cet égard, il se couche et s'endort paisiblement... trop paisiblement, le pauvre auteur, pour qui l'expérience de ses précédentes mystifications était toujours perdue.

A peine Poinsinet était-il plongé dans son premier sommeil qu'un des mystificateurs s'introduit dans sa chambre à pas de loup, se saisit de sa culotte, et faisant circuler rapidement la lame d'un canif sur les deux coutures extérieures, rend ainsi ce vêtement nécessaire hors d'état de remplir son office.

Le lendemain les conjurés ne furent pas

très soigneux d'éveiller le dormeur ; il s'éveilla de lui-même à dix heures. — « Parbleu,
» messieurs, s'écria-t-il en s'élancant du lit,
» je n'avais qu'à compter sur vous... Vite un
» perruquier, je n'ai pas un instant à perdre. » Le frater arrive, et pour ne pas se
retarder, Poinsinet reste en chemise pendant
qu'on l'accommode. Enfin, il vole à sa culotte. O déception cruelle! les cuisses sont
ouvertes: ce n'est plus qu'un déplorable tablier. — « Morbleu! messieurs, s'exclame le
» poète avec colère, le tour est abominable
» et je ne vous le pardonnerai de ma vie. Mais
» vous en aurez le démenti; je me rendrai
» mort ou vif à l'assemblée. » A ces mots,
Poinsinet court, sa culotte à la main, trouver la cuisinière, fille pudibonde qui s'enfuit
à l'approche d'un homme si négativement
vêtu. Elle s'est refugiée dans un cabinet attenant à la cuisine, dont elle a fermé la porte
sur elle. Alors l'auteur suppliant parlemente
avec l'honnête servante à travers la serrure,

lui raconte sa situation perplexe, et lui peint sa fortune compromise à défaut de deux chetives coutures à grands points... La cuisinière est une personne charitable; mais elle ne professe pas cette philosophie des servantes de Molière, qui s'exprime ainsi :

Et je vous verrais nu du haut jusques en bas,
Que toute votre peau ne me tenterait pas.

Elle consent toutefois à recoudre la culotte; mais à condition que le requérant, après la lui avoir passée par la chatière, se retirera dans sa chambre jusqu'à parfaite réparation.

Vous concevez l'impatience d'un poète qui voit toute sa gloire, peut-être, attachée à la pointe d'une aiguille, maniée avec la plus désespérante lenteur, par une femme qui n'a jamais cousu que le jabot des poulardes du Mans. Enfin, les deux coutures sont faites; le soleil luit de nouveau dans la destinée du poète... Mais ô fatalité des fatalités! les coutures ont été faites de telle sorte, que Poinsinet peut à peine passer le bout de son pied dans les fourreaux de pistolets qu'on lui rend, sous prétexte de culotte... C'en est fait, onze heures vont sonner... le cher rendez-vous est manqué. A tout évènement, un commissionnaire, muni d'un billet réclamateur d'une culotte, est chargé d'aller en toute hâte chez le poète... Baste! le billet est intercepté, le savoyard renvoyé à son coin, payé grassement... Midi sonne lorsqu'on dit froidement au pauvre mystifié qu'il a eu tort d'envoyer chez lui un homme qu'il ne connait pas, et que ce messager pourrait bien s'être laissé tenter par le besoin que lui-même paraissait avoir d'une culotte.

Poinsinet, reconnaissant enfin jusqu'à quel point il a été joué, prend un parti héroïque : les habits à cette époque étaient amples; il attache avec des épingles les basques du sien, par derrière, par devant ; et léguant cet expédient au romancier futur Paul de Kock, il rentre chez lui furieux, mais à froid... Haéls! trop tardivement culotté, l'infortuné n'arrive à l'assemblée des comédiens que pour apprendre que la pièce de son perfide rival avait été substituée à la sienne. Il y avait là l'occasion d'un beau duel ; mais il pensa que sa comédie n'en serait pas jouée plutôt, et qu'un combat pourrait bien le priver de voir le triomphe qu'elle lui promettait.

Les bals de l'Opéra, auxquels je reviens, étaient quelquefois le centre, j'ai presque dit le bazar, de quelques conclusions plus solides que les conventions éphémères qui, au sortir de l'enceinte lumineuse, devaient s'accomplir et s'accomplissent encore, sans avoir de suite, entre l'apparition de Lucifer et le lever du soleil. On jetait sous le domino les préliminaires de contrats d'une certaine durée, ou du moins d'une certaine importance: voici un exemple. Mademoiselle Grandi, vous savez, cette danseuse de qui les charmes en miniature avaient échoué devant le roi de Dacri de surprise. Eh bien ! j'admire combien les réputations sont trompeuses.

— Elles se forment si vite qu'elles ne peuvent qu'être légèrement constituées.. Et puis de là les surnoms, les sobriquets, dont il me paraît qu'on est très prodigue en France..... Par exemple, moi, j'ai mon parrain à Paris, ou plutôt ma marraine.

Ici mademoiselle Grandi rougit prodigieusement.

— Allons, ne rougissez pas ; mon surnom n'est pas mal trouvé : je suis *du Nord*, c'est incontestable ; quant à la qualification d'*ours*, elle était de bonne guerre jusqu'à plus ample information ; et, pour en obtenir une plus douce, il faut la mériter... Me voici.

Vous avez compris que mademoiselle Grandi avait été la marraine du prince danois; qu'il l'avait appris, et qu'il s'était piqué de lui prouver que l'ours du Nord savait à l'occasion faire *patte de velours*. Ainsi, le dépit terres de cette grande dame ; et si elle venait frapper à votre porte, je vous prierais de l'y laisser.

— J'y consens volontiers, reprit mademoiselle Grandi avec un ton affranchi d'étiquette. Une éclipse de Duras doit être chose précieuse pour votre ma... pour vous.

— C'est une heure de grâce, répondit le grand personnage en riant aux éclats.

— Je le connais ce noble duc : J'ai soupé avec lui chez Guimard ; il pesait cent quintaux sur la société.

— Charmante ! s'écria l'illustre voyageur ; ah ! pourquoi ne choisit-on pas les maîtresses des cérémonies de la cour à l'Opéra.

— Nous ne voudrions pas de cette charge, à moins qu'on ne nous laissât refaire l'étiquette.

— Pour mon compte, je ne m'y opposerais pas.

—Vraiment ! dit la danseuse avec un petit

forme et d'un poids qui lui causent le plus doux frémissement. Elle ouvre la porte du boudoir et la referme soudain, en suivante bien apprise.

— Que vois-je! s'écria mademoiselle Grandi en fléchissant le genou, ai-je bien l'honneur de recevoir votre Ma....

— Chut! dit le visiteur en posant avec précipitation sa main blanche sur la bouche de la danseuse. Je suis très amateur de peinture : j'ai trouvé votre portrait fort bien fait; mais le grand mérite de ce genre d'ouvrage est la fidélité. J'ai voulu m'en convaincre; espérant un peu que vous daigneriez me pardonner ma curiosité.

— C'est une gloire bien grande pour moi de voir ici votre Ma...

— Ne parlons point de la gloire, mademoiselle, reprit l'illustre personnage dont vous reconnaîtrez, j'espère, le nom et la conduite passablement jésuitique. Nous ne sommes pas, continua-t-il en souriant, sur les moins consolante ; mais elle est vraie : il n'y a que l'hypocrisie qui ose le nier.

Le soir, mademoiselle Grandi attendit le magnifique inconnu; vous pensez bien que le danseur fût consigné expressément à la porte : il faut de la probité en tout. Vers onze heures, on sonne avec une sorte de timidité : une femme de chambre experte ouvre ; un personnage enveloppé d'un ample manteau et dont un chapeau à larges bords rabattus couvre le visage, se présente et dit à deux ou trois hommes bien couverts qui l'ont suivi : « allez. » La bonne fille, qui croit reconnaître en cela des allures de Cartouche, est tentée de refermer la porte au nez du visiteur suspect. « Rassurez-vous, mademoiselle, lui dit-il, en jetant son manteau et son grand chapeau, qui découvrent une mise assez simple, mais une figure très distinguée, je ne suis pas un voleur; introduisez moi près de votre maîtresse... » Au même instant la camériste sent glisser dans sa main quelque chose d'une demoiselle, peut-être par le sentiment d'une précaution.

— Je l'ignore, Madame; mais quoique simple picard, je crois que ces choses là ne restent pas longtemps mystérieuses. A ces mots le laquais salua et prit congé.

En demandant quel était la personne, d'une générosité sans exemple dans les fastes galans de l'Opéra, qui lui faisait un si magnifique cadeau, mademoiselle Grandi ne sollicitait qu'une confirmation : il lui semblait hors de doute que le bienfaiteur mystérieux était l'observateur du bal de l'Opéra. Au surplus, comme l'avait fort bien dit le laquais, qui paraissait un peu fin pour un picard, il est rare que les gens qui donnent tant ne demandent pas quelque chose : la loi de l'échange est vieille comme le monde. La bienfaisance elle même ne donne pas gratuitement: supprimez le retentissement du bienfait, et vous verrez ce qu'il restera de philanthropes. Cette maxime n'est pas nouvelle, encore

« les pertes peuvent se réparer, excepté celle
« de l'espérance. »

Le messager engage ensuite mademoiselle Grandi à venir prendre possession de la voiture et des cinq chevaux qu'il est chargé de lui livrer. Rendu dans la cour, cet homme ouvrit la portière du carrosse, fermée à clef.... Un portefeuille était posé sur la banquette ; il contenait cent trente mille livres. La danseuse, ébahie, se crut transportée dans le pays *des Mille et une Nuits*. L'envoyé, qui l'avait priée de compter les billets, lui dit ensuite :

—On vous recommande le cocher : c'est un honnête homme, qui a le plus grand soin de ses chevaux.

— Mais, de grâce, mon ami, apprenez moi de quelle part vient tout ceci.

— On ne m'a pas chargé de vous le dire, Madame.

— Et quand le saurai-je? demanda la

— Et ses charmes, ajouta en passant un domino vert. Et puis les miniatures mentent, continua le masque, par une allusion perfide au portrait que la danseuse avait envoyé si vainement à Christian VII.

Le lendemain mademoiselle Grandi déjeunait avec un jeune danseur qui ne lui avait donné ni équipage ni rentes, mais qui se trouvait dans cette catégorie d'adorateurs dispensés de ce genre de sacrifices. Tout à coup une élégante voiture entre dans la cour, au grand trot de deux magnifiques chevaux couleur café au lait. Trois autres, non moins beaux, tenus en laisse, suivent le carrosse. Tout aussitôt un domestique sans livrée sonne chez mademoiselle Grandi; à tout évènement, au bruit de la sonnette, le jeune danseur, par un pas de fugue, se jette dans le cabinet de toilette, avec une grande habitude de cette manœuvre. Le laquais, introduit, présente à la nymphe un billet; elle l'ouvre; il contenait ce peu de mots, sans signature. « Toutes nemarck, mademoiselle Grandi se plaignait dans un essaim de masques, aux petits pieds, à la poitrine bombée, d'avoir perdu un amant qui lui avait donné mille louis en six semaines.

— Vous êtes faite pour remplacer promptement cette perte, lui dit un amateur en domino noir, qui s'était glissé dans le groupe féminin où s'épanchaient des confidences mutuelles de la même nature.

— Cela ne se répare pas si facilement, répondit la danseuse en toisant l'observateur.

— Peut-être, répliqua-t-il.

— En tous cas, je ne veux conclure dorénavant qu'à la condition d'un équipage et de cent louis au moins de rente pour l'entretenir.

— Il ne faut pas être si modeste, dit l'inconnu en s'éloignant.

— Tu t'es fait mystifier, dirent les camarades de mademoiselle Grandi, en lui conseillant de moins afficher ses prétentions.

impertinent d'une danseuse de l'Opéra faisait sa fortune.

A l'heure de la répétition, un équipage magnifique s'arrêta à la porte des acteurs de l'Académie royale de Musique. Chanteurs et danseurs, cantatrices et danseuses arrivaient en foule; ils se groupèrent pour voir descendre le personnage si brillamment voituré.

— C'est Arnoux.

— Eh! non, elle a mis voiture bas depuis que Lauraguais la quittée pour Heinel.

— Ne voyez-vous pas que c'est le nouvel équipage de Guimard...

— Point du tout, ce carrosse est jaune et le maréchal de Soubise n'aime pas cette couleur.

— Pauvre prince! il n'en est ni plus ni moins.

Tandis que l'on discutait ainsi, la portière s'ouvrit et mademoiselle Grandi parut.

— Grandi!!! s'écrièrent trente voix en chorus.

Vous avez pu vous convaincre, par le début de cette anecdote, que la marraine de l'ours du Nord n'était pas discrète; à peine fut-elle entrée au théâtre qu'elle se vit environnée d'un triple rang de curieux, auquel la diserte danseuse ne laissa rien ignorer de ce qui s'était passé chez elle depuis la veille au matin jusqu'à l'instant où elle racontait : elle s'étendit même beaucoup sur ce que j'ai cru devoir vous taire. Le secret de la dignité d'apparat du prince danois était en bonne main.

Les discoureurs de la porte de l'Opéra avaient nommé mademoiselle Heinel : c'était une danseuse allemande arrivant de Stuttgard, et qui venait de débuter avec le plus grand succès à l'Académie royale de Musique, dans la danse noble. Or, le comte de Lauraguais, dont le cœur était toujours ouvert aux nouvelles impressions, en devint éperdument amoureux. A cette époque, les amants titrés des actrices commençaient à prendre l'habitude de les marier : c'était une sorte de monopole que ces messieurs cherchaient à s'assurer; bonnes gens !!! Lauraguais maria donc sa conquête allemande; un mois après le premier jet de cette nouvelle flamme, mademoiselle Heinel avait coûté cent mille livres au magnifique seigneur. On n'a jamais su si cette nymphe de haute taille, au grand pied, à la forte jambe avait procuré au comte de la félicité pour son argent ; on apprit seulement par-dessus les murs qu'il en avait reçu plus qu'il ne lui avait demandé... Je me hâte d'arrêter l'essor de votre imagination, qui certainement irait trop loin. Il s'agissait simplement, mais non pas purement, d'un très incommode chatouillement à la peau que mademoiselle Heinel avait communiqué à M. de Lauraguais; ce qui faisait dire qu'elle l'avait créé *prince de Galles.*

Tandis que mademoiselle Heinel s'était retirée à la campagne pour faire librement une guerre d'ongles incessante au chatouillement ci-dessus mentionné, son absence laissait une lacune dans le triomphe de *Daphnis et Alcimadure*, ce médiocre opéra d'abord Languedocien, puis Français et toujours écrit en patois, dont je vous ai parlé précédemment. La pénurie de bons ouvrages était telle à l'Académie royale de Musique en 1768, que l'on avait regardé comme une bonne fortune d'y reprendre cette pièce de Mondonville, et que l'on ne s'était pas trompé : tant le proverbe vulgaire a raison de dire que dans le royaume des aveugles, les borgnes sont rois. Les rôles principaux, joués autrefois par Jeliote et mademoiselle Feel, laissaient d'aimables souvenirs aux vieux Gascons habitués de l'Opéra : ces deux premiers sujets étaient, comme l'auteur, des rives de la Garonne, et vous connaissez la tendre affection que les Gascons portent à tout ce qui vient de leur pays.

Nous n'aurions pas reparlé de cette médiocrité lyrique sans l'espèce de vogue réchauffée qu'on s'était efforcé de lui donner : genre

d'efforts qui finit toujours par rendre docile notre bon public français. A part la niaise disposition du sujet, les acteurs de 1768 ne convenaient point aux rôles. « Madame Larri-
» vée jouant celui d'*Alcimadure*, disait l'au-
» teur de l'*Année littéraire*, chante parfaite-
» ment l'ariette ; mais elle est inapte à ex-
» primer aucun sentiment. Le Gros n'entre
» pas mieux dans l'esprit de son rôle : ce n'est
» point le Daphnis vrai, simple, tendre qu'on
» admirait dans Jeliote ; c'est un berger gau-
» che, moitié bourgeois, moitié rustique, et
» qui donne à tout ce qu'il dit l'air benet de
» sa figure. Le sieur Larrivée est le seul que
» l'on goûterait si le rôle du militaire, frère
» d'*Alcimadure*, n'était pas forcé au-delà de
» toute expression. La Tour, qui créa ce
» rôle, savait déguiser le ton de matamore
» que l'auteur, en fidèle Gascon, a voulu lui
» donner. C'est donc la danse uniquement,
» continuait Fréron, qui a fait le succès de
» cette reprise, en procurant à Vestris, à

» Gardel, à Dauberval, à mesdemoiselles
» Guimard et Allard l'occasion de développer
» leur talent. Or, ce talent n'est plus, comme
» il y a vingt ans, une combinaison de mines
» et de placements de pieds, d'autant plus pré-
» tentieux qu'ils étaient plus insignifiants. La
» danse est devenue un véritable art, qui,
» sans perdre de sa grâce, acquière chaque
» jour de la noblesse et de la puissance.

» On parle beaucoup dans le monde de
» M. le chevalier de Chaumont, qui dirige
» la peinture des décorations au grand théâ-
» tre de Versailles, que l'on construit en ce
» moment. C'est un amateur distingué, que le
» roi envoya l'année dernière en Italie pour
» y lever les plans de diverses salles de spec-
» tacle, et c'est d'après son investigation que
» l'on fait construire et décorer la salle de
» Versailles. Ah! pourquoi, au moment
» même où j'écris, M. de Chaumont ne fait-
» il pas peindre, d'après ses dessins, les
» décorations destinées à l'Académie royale

» de Musique, qui, sous ce rapport, tombe
» dans un *statu quo* très affligeant. »

Voilà ce qu'écrivait Fréron en 1768 ; j'ai cité ce passage de son journal parceque, brièvement, il fait connaître la situation à cette époque de notre première scène lyrique.

Que, si parmi mes lecteurs, il se trouvait quelques amateurs d'anecdotes, exclusifs, et dont l'appétit ne fût excité que par ce genre d'aliment, je leur représenterais avec humilité que, dans une histoire de l'Opéra, je me crois obligé de parler un peu de l'opéra. Je sais que cette méthode ne jouit pas aujourd'hui d'un grand crédit et qu'une fois le titre d'un livre adopté, l'on est parfaitement dispensé d'aborder le sujet qu'il annonce. Tout sera le mieux du monde si, *ab hoc* et *ab hac*, on produit sur la fibre du lecteur l'effet d'un *sinapisme*... Dieu soit en aide à la littérature française !

Est modus in rebus ; cet axiome reçoit quelquefois une singulière application : l'opéra-

Languedocien *de Daphnis et d'Alcimadure*, accueilli si froidement à son apparition, suivi avec une sorte de délire à sa reprise, devint bientôt la pierre de touche des talens nouveaux. Le rôle de *Clémence Isaure*, qui était joué aux premières représentations par Mlle Duplant, actrice et cantatrice d'une grande faiblesse, fut choisi pour les débuts d'une dame Reich, dont la voix nette et perlée promettait beaucoup. Mlle Rosalie, autre débutante, remplaça Mme Larrivée dans le rôle d'*Alcimadure*. Elle chantait moins bien qu'elle; mais son jeu, plein de sentiment et d'intelligence, lui fit à sa première apparition obtenir des applaudissemens que l'on avait refusés à sa devancière. Quand ces débuts eurent lieu les ballets avaient reçu un complément de perfection, par la rentrée de Mlle Asselin et par celle de Mlle Heinel, qui venait d'abandonner *sa principauté de Galles*.

Au moment où cette dernière danseuse reparaissait, on disait dans le foyer de l'opéra que M le comte de Lauraguais était sérieusement occupé d'un sytème d'inoculation du principe *psorique*, dont il venait d'éprouver le trop chatouilleux effet : système qui réduisait à cette affection de la peau un sujet de simple récréation.

A la fin de l'année 1768, on n'avait point encore adopté une devise pour la nouvelle salle de l'Opéra, qui, du reste, n'était pas terminée. On la voulait, cette inscription, en français; et voilà ce que la poésie de l'époque avait produit de mieux :

Les arts dans ce palais prodiguent leurs merveilles,
Pour enchanter les cœurs, les yeux et les oreilles,

ou :

Dans ce palais brillant des beaux arts et des fées,
Héros, dieux et démons, tous les êtres divers,
Dociles aux accords des modernes Orphées,
Sont le tableau mouvant de ce vaste univers.

Ces deux inscriptions, d'une platitude honteuse, étaient d'un M. Leclerc de Montmeray; on doit aux directeurs de l'Opéra d'ajouter qu'elles ne furent point acceptées; mais pour qu'on les eût admises au concours, il fallait que les beaux esprits du temps, Thomas, Marmontel, Dorat, Piron, et surtout Voltaire, eussent reçu la défense expresse de concourir. Quoiqu'il en soit, les connaisseurs se récriaient sur la difficulté de composer, en si peu de vers, une inscription convenable: « c'est difficile dites-vous, répondit un cri» tique spirituel; à la bonne heure; mais » si ce qu'on a fait est la mesure de ce qu'on » peut faire, je voudrais bien que ce fût im« possible. »

Chose surprenante, on parlait encore, après un an, du trait de bienfaisance de Mlle Guimard : vous savez la distribution des six mille livres venant d'un président aux pauvres d'un faubourg de Paris. Mlle Arnoux n'était pas moins bienfaisante ; mais avec d'autres formes : cette célèbre actrice méprisait le plagiat.

Un soir qu'elle était seule dans son boudoir, on lui apporta une lettre qu'un valet sans livrée venait de déposer chez son suisse; elle ouvre négligemment cette missive et lit :
« Mademoiselle, nulle mortelle ne vous est
» comparable : beauté, grâce, voix divine...
» toutes ces qualités que vous réunissez,
» soulèvent de terre les âmes sensibles qui
» vous voient ou vous écoutent. Cinquante
» louis composent tout mon patrimoine ;
» acceptez les de mon enthousiasme pour
» un seul acte de bonté. Si, après son obten-
» tion il m'en fallait expier le bienfait par
» le sacrifice de ma vie, je mourrais enivré
» de bonheur, puisque avoir possédé la
» femme de France la plus accomplie, ne
» fût-ce qu'une minute, c'est avoir déli-
cieusement vécu. » Et le correspondant signait, avec indication de son adresse.

Mlle Arnoux sonna.

—Prosper, dit-elle à son heiduque qui entra, allez de ce pas rue de Belle-Chasse, n° 7, et sachez adroitement...... adroitement, entendez-vous, ce que c'est que le baron de Vauglas.

— Le baron de Vauglas, madame, je le connais; Lapierre était dernièrement à son service.

— Quel homme est-ce, le baron?

— Très-beau brun, trente-cinq ans, capitaine de milice, mais compris dans la dernière réforme de monsieur le duc de Choiseul.

— Cela suffit, vous rentrerez dans un quart d'heure; il y aura un billet à porter.

La *prima Donna* se dit: « Moi aussi j'ai subi la réforme de monsieur le duc de Choiseul; et de bien d'autres; le ton passionné de cette lettre n'est plus chose ordinaire pour moi; Guimard règne à l'Opéra, et je n'y conserve pas même les honneurs d'une reine douairière. Tous ces brillans scarabés qui voltigeaient, il y a deux ou trois ans, autour de mon auréole, me disaient qu'ils adoraient en moi la femme la plus aimante à leur gré, et qu'ils m'admiraient comme la plus spirituelle. Il paraît qu'ils se contentent aujourd'hui de la première de ces qualités, en l'absence complète de l'autre, puisqu'ils s'attèlent au char de cette danseuse.... Pourtant voici un baron de Vauglas attardé dans mon ci-devant empire ; je lui dois compte de sa démarche, dont l'originalité et quelque chose de plus, peut-être, me plaisent. » Après ce soliloque mental, mademoiselle Arnoux écrivit quelques mots dans ce style énigmatique que les femmes savent rendre significatif, et que les hommes expérimentés comprennent si bien. Prosper porta le billet ; deux heures après on annonça le baron de Vauglas.

L'Heiduque n'avait pas flatté le portrait du capitaine : c'était un très beau cavalier, et de plus un homme du monde fort spirituel. La conversation fut d'abord délicate, enjouée, absolument comme s'il ne se fût agi que d'un assaut d'esprit. On parla beaucoup de la réforme : l'actrice s'étonna qu'un officier si jeune encore pût avoir été rayé des cadres d'activité.

— Et notez, mademoiselle, que mon élimination date de l'année 1763 : j'avais alors vingt-sept ans.

— C'est inimaginable.

— Cela s'explique pourtant, reprit le baron avec un sourire incisif : j'avais été recommandé à madame la marquise de Pompadour.

— Et vous avez échoué?

— J'ai quelque répugnance, mademoiselle, à remuer la cendre des morts de la pointe d'un trait satirique; cependant je dois vous dire que je me rendis indigne des bontés de la favorite.

— Je devine, vous refusâtes de cultiver ces fleurs dont la description avait jeté monsieur de Maurepas hors du ministère.

— Hélas ! voilà mon grief..... et je fus reformé.

— On vous trouva guerrier trop timide, malgré vos précédens exploits.

— Il est vrai que mon courage m'avait abandonné.

Ici mademoiselle Arnoux tendit sa jolie main au capitaine, et l'on passa dans la salle à manger. Là l'entretien changea bientôt de sujet et même de nature. La cave de l'actrice avait été bien meublée par monsieur de Lauraguais ; le baron trouva que le comte inoculateur se connaissait parfaitement en vins ; et la charmante hôtesse jugea que son convive n'était pas moins bon connaisseur. Vous me permettrez, lecteur, d'abandonner ici le couple dont il est question, en vous faisant observer seulement que les couverts du dessert étaient beaucoup plus rapprochés que ceux du premier service.

Le lendemain d'une grande fête est ordinairement triste ; la veille on ne lésinait pas sur la dépense ; ce jour là on se livre à des calculs désespérans. L'officier, qui avait déposé furtivement sur la cheminée de mademoiselle Arnoux les cinquante louis que vous savez, retournait chez lui pensif, morose, et je dois le dire, un peu marri de sa prodigalité excessivement inopportune.. ... Mais voilà qu'en cherchant sa clef il sent dans sa poche quelque chose de rond.... O surprise ! ô trait unique ! c'est un rouleau des cent louis.

Les péripéties inattendues confondent quelquefois la raison et la rendent inhabile à la réflexion : le projet qui surgit de la surprise du baron fut une inspiration maladroite... Le soir il retourne chez mademoiselle Arnoux et se jetant à ses pieds, il sollicite la permission de s'acquitter.

—Ah ! capitaine, pour un homme d'esprit, quelle maladresse ! N'avez-vous pas compris que de pareilles choses n'ont de mérite qu'une fois.

— Mais au moins, Madame, reprenez la moitié de ce rouleau, afin qu'au souvenir de mon bonheur, ne se mêle pas celui d'un bienfait qui en altérerait le charme....

— Ne voulez-vous pas être mon ami, capitaine? croyez moi, acceptez ce titre ; et rappelez-vous que si j'ai reçu votre présent comme une marque d'amitié, vous ne pourriez refuser le mien sans m'humilier.

— Je le garde, femme adorable ; mais laissez moi l'espoir que l'ami...

— Pourra redevenir l'amant, interrompit joyeusement l'actrice; je ne vous dis pas non : ce fripon d'amour qui voltige sans cesse, pourrait repasser rue de Belle - Chasse et alors.....

— Ah! je l'y retiendrai.

— Gardez-vous en bien, l'amitié en souffrirait... Et mademoiselle Arnoux congédia doucement le baron de Vauglas.

Tandis que la reine douairière du grand Opéra se livrait à ces caprices qui rechauffent de temps en temps les passions attiédies, mademoiselle Guimard, dans tout l'éclat de sa puissance, donnait à ses splendeurs un complément tout-à-fait princier. Elle s'était quelque temps amusée d'un commerce de bel esprit avec les gens de lettres et les philosophes ; mais comme la danseuse mettait peu du sien dans ce commerce, et que son amour propre n'en sortait pas toujours très satisfait, elle s'en lassa bientôt. Il lui fallait des plaisirs plus inhérens aux sensualités. D'un autre côté monsieur de Laborde, premier valet de chambre du roi, qui depuis quelque temps tenait la première lieutenance du prince de Soubise parmi les amans de mademoiselle Guimard, brûlait d'établir chez sa maîtresse un théâtre, où les opéras dont il avait fait ou devait faire la musique pussent être joués. Ce petit triomphe de société, moins éclatant que celui obtenu en public, aurait, pensait-il, le mérite d'être plus certain. Monsieur de Laborde n'eut pas de peine à obtenir de la célèbre danseuse qu'elle fit construire un théâtre à sa délicieuse maison de Pantin : cette petite annexe comique en déshabillé allait parfaitement à ses habitudes, et elle se promit les plus piquantes aventures d'une vie de coulisses où la gaîté pourrait se décolleter tout à son aise. Vous pensez bien que tout ce que le valet de chambre compositeur avait fait jusqu'alors fut impatronisé sur le théâtre de Pantin : il en devint le Lully, le Rameau ; sa baguette musicale fut un bâton de commandement ; et comme pourraient bien faire aujourd'hui monsieur et madame Ancelot au vaudeville, le surintendant du spectacle Guimard y fit jouer très particulièrement ses pièces, aiguisées de quelques saillies ultra-galantes, qu'on n'avait pas osé hasarder en public. Ainsi dans *Annette et Lubin*, le bailli se permettait, sur la *situation* de la jeune villageoise, des réflexions assez lestes, et la *Chercheuse d'esprit* laissait peu de travail à l'imagination pour deviner comment elle l'avait trouvé. *Le Dormeur éveillé, Gilles garçon peintre, les Bons Amis, l'Anneau perdu et retrouvé, la Meunière de Gentilly, les Amours de Gonesse, le Chat perdu, le Revenant, la Mandragore* et une foule d'autre pièces, furent représentées à Pantin avec les additions les plus pittoresques. Le théâtre de Collé y prit des allures analogues; ce qui n'exigea pas de grands changemens dans la disposition des pièces; et monsieur de Carmontel lui-même, composa pour la petite maison où les muses se montraient si bonnes filles, des proverbes qu'il n'a jamais imprimés.

C'était pour les acteurs des différents théâtres de Paris une partie de plaisir enchanteresse, quand ils pouvaient se dérober à leurs occupations ordinaires, que de jouer chez Mlle Guimard. Dans la vie journalière, les devoirs de leur état étaient quelquefois pesans; chez l'aimable courtisane, ils se changeaient en plaisirs. Elle même remplissait quelquefois des rôles dans les pièces égrillardes du répertoire ; mais son organe sépulcral ne répondait ni à la grâce de ses manières, ni au charme de sa physionomie. Le véritable lot de cette actrice était la pantomime ; et si l'on prend ce mot dans son acception la plus étendue, on comprendra ce que l'auteur d'un mémoire secret entendait lorsqu'il disait : « On » rapporte de cette nymphe des choses vrai- » ment merveilleuses. »

On ne pouvait pas dire du maréchal duc de Richelieu : « quand le diable devint vieux il se fit ermite ; » ce patriarche des roués de la cour, quoique parvenu à sa soixante-douxième année, n'avait aucune allure cénobitique ; mais comme il ne pouvait pas être l'âme des spectacles excentriques de Pantin, qu'un autre maréchal de France, M. le prince de Soubise, avait pris sous sa protection, le vainqueur de Mahon, en sa qualité de premier gentilhomme de la chambre ayant le département des théâtres royaux, fit défense aux comédiens de jouer ailleurs que sur leur théâtre, sans la permission expresse de sa majesté. Cet ordre, quoique présenté sous les dehors d'une généralité, tombait d'aplomb sur les plaisirs de Mlle Guimard, et cela la veille de Noël, jour où le spectacle devait se continuer, sous forme de réveillon, par une suite d'amusemens enchanteurs, au point de vue de la danseuse. Il fallut donner relâche à son théâtre jusqu'à ce qu'elle eût une troupe à elle ; ce qui ne lui parut pas impossible.

Pendant l'été de 1769, l'Opéra fut menacé d'une perte qui, dans la situation de son personnel, eût rendu impossible la représentation des chefs-d'œuvre de l'ancien répertoire, auxquels, vu la pénurie de sujets nouveaux, on était obligé de recourir si souvent. Mlle Arnoux, vers cette époque, trouva qu'on la traitait, quant aux émolumens, avec une extrême parcimonie. Il était d'usage alors qu'on donnât aux grands acteurs, outre 5,000 livres de fixe et 1,000 livres de gratification ordinaire, 1,000 autres livres de gratification extraordinaire ; en tout 5,000 livres : environ le traitement d'une quinzaine d'un premier sujet au moment ou j'écris. Or, on avait supprimé à Mlle Arnoux la dernière partie de ce traitement; elle s'en plaignit amèrement à messieurs Berton et Trial, lesquels, avec une assurance prématurée, lui répondirent que non seulement elle se trouvait à peu près chaque année dans l'obligation de s'éloigner plusieurs mois du théâtre ; mais qu'il lui arrivait encore de se livrer au goût de la vie champêtre si souvent, que les intérêts de l'Académie royale de Musique en souffraient beaucoup. Blessée de cette remarque dépouillée d'artifice, Mlle Arnoux pria ces messieurs de chercher une *Armide* et déclara qu'elle se retirait. Le coup était terrible : l'Opéra fut durant plus, d'un mois, dans une grande agitation. Plusieurs personnages très haut placés à la cour avaient essayé vainement de réconcilier la célèbre actrice avec les directeurs de l'Opéra ; Mme du Barry, dont la faveur avait encore toute la puissance de la nouveauté, puissance d'une force incalculable en amour, voulut à son tour intercéder auprès de la superbe actrice. Elle ne commit point la maladresse de l'appeler à Versailles, comme aurait pu faire madame de Pompadour : ce moyen eût échoué auprès de cette cantatrice, et elle le savait bien. Un matin, la comtesse, en très grand négligé, entre sans se faire annoncer chez Mlle Arnoux, lui tend la main, non avec le ton protecteur de la grande dame, mais avec l'aménité populaire de l'ex-modiste, et lui annonce qu'elle vient sans façon déjeûner avec elle.

Ce début enchanta mademoiselle Arnoux ; elle remercia la favorite du *plaisir* qu'elle lui faisait ; et le plus délicat déjeuner fut servi par l'heiduque Prosper que vous connaissez, dans un petit salon ouvrant sur un parterre diapré de mille fleurs, qui parfumaient l'air matinal. On était au mois de juin ; les oiseaux gazouillaient dans un massif d'arbres qui formait, au fond du jardin, un épais rideau de verdure. Madame du Barry se sentait en appetit ; elle répéta souvent depuis que peu de déjeuners lui avaient paru aussi agréables que celui là, bien qu'elle ne l'eût fait qu'avec une femme.

— Oh! ça, ma chère belle, dit la comtesse après une longue suite de préambules que je supprime, qu'est-ce que j'ai donc entendu dire? vous nous quittez, vous abandonnez la scène... vous faites la ville et la cour veuves du plus beau talent de l'Opéra.

— Vous êtes trop bonne, madame la comtesse ; la perte n'est pas aussi grande que vous voulez bien le penser..... Madame Larrivée n'est-elle pas là, ajouta la spirituelle actrice avec ce sourire qui critiquait toujours...

— Madame Larrivée... une Galatée avant l'étincelle! ne me parlez pas de cette statue là... que voulez-vous qu'on fasse à l'Opéra d'une femme amoureuse de son mari?... Un amour conjugal c'est le tombeau de la passion.

— Mais mademoiselle Féel n'est pas morte...

— Non ; mais elle et Jeliote ont les invalides.

— Mademoiselle Le Maure reparaît dans les concerts ; elle peut rentrer à l'Opéra. Et le sourire de l'actrice était devenu d'autant plus âcre, que mademoiselle Le Maure avait plus de talent.

— Allons, ma toute belle, raisonnons un peu : je conviens que les directeurs ont eu des torts envers vous. Que le monde condamne avec quelque raison les égarements de l'amour, c'est ce dont je conviendrai tant qu'on voudra ; mais je soutiens qu'il est anti-chrétien de s'élever contre le fruit de ces erreurs, puisque la Sainte-Écriture condamne au feu l'arbre qui ne produit pas : il faudrait que la morale fût plus conséquente avec les préceptes évangeliques... Malheureusement on ne peut pas produire de toutes les manières à la fois : tandis que vous donnez au monde des virtuoses futurs, vous enlevez des recettes à l'Opéra. Voilà donc le grief... Eh bien ! mais tout cela peut s'arranger.

— Je ne le crois pas, madame : MM. Berton et Trial, sans considérer qu'un talent auquel le public veut bien reconnaître une portée plus qu'ordinaire méritait quelques égards, ont fait rentrer son appréciation dans leurs plus strictes calculs, et ont soumis ma réputation aux règles les plus étroites de l'arithmétique.

— Nous les ferons changer de manière, et vous rentrerez à l'Opéra. Vous m'accorderez cela, ma chère, avec un second verre de cet excellent marasquin.

— Madame la comtesse, dit mademoiselle Arnoux en versant, il faudrait que je promisse à ces messieurs de me corriger... Je me le promets bien à moi-même.... Mais je suis trop sujette à oublier mes promesses.

— Le temps arrivera où vous les tiendrez sans le vouloir... Voilà qui est convenu ; vous rentrez à l'Opéra..... je le désire..... le roi le veut.

— Madame la comtesse, j'aurais mieux aimé votre désir tout seul.

— Soit, mutine, le roi s'éclipse ; aussi bien, je ne me soucierais pas trop qu'il intercédât directement auprès de vous... Ce soir j'aurai parlé à Berton et Trial : ceux-là je les ferai venir à Versailles ; je leur dirai que le *roi veut*... Et vous ne m'en voudrez pas de leur avoir fait comprendre tout ce que ce mot a d'autorité dans ma bouche... *Armide*, ajouta la comtesse avec hilarité, n'aura plus à soumettre ses enchantements à un vil calcul par livres, sous et deniers.

Le lendemain tout fut arrangé : il demeura arrêté que mademoiselle Arnoux se reposerait jusqu'à la Saint-Martin, et qu'à cette époque elle ferait sa rentrée dans *Castor et Pollux*, pour l'inauguration de la nouvelle salle au Palais-Royal.

Or, pendant que l'on raffermissait l'une des colonnes du temple lyrique, une autre s'ébranlait sur sa base. Mademoiselle Guimard, dont la danse faisait les délices de la ville et de la cour, se voyait à la veille d'exécuter une *fugue* très préjudiciable aux plaisirs du public. Le maréchal prince de Soubise venait de retirer à cette danseuse, malgré lui, je vous l'assure, un subside de deux mille écus par mois, et d'arrêter le cours d'une multitude d'autres prodigalités qu'il faisait couler chez cette nymphe. Il restait à celle-ci M. de La Borde, premier lieutenant du maréchal; mais à peu près ruiné, disait-on, il ne pouvait plus offrir à sa maîtresse que son amour et sa musique, ce qui, prétendait-elle, était, chacun dans son espèce, fort peu substantiel... On évaluait à quatre cent mille livres le passif de la célèbre danseuse; et cela n'étonnait personne;

elle s'était formée aux dépenses à l'école d'un Rohan. Les créanciers tenaient chaque matin un grand lever fort bruyant chez mademoiselle Guimard : elle leur faisait tête assez résolument, en déclarant qu'une dame de l'Opéra ne fait jamais banqueroute tant qu'elle avait de la beauté et de la jeunesse. Beaucoup se laissaient persuader et se retiraient en disant : elle nous paiera ; les revenus sont en retard, mais le fond n'est pas épuisé. Il était temps, toutefois, qu'un seigneur opulent vînt au secours de la célèbre danseuse ; et pour la gloire du nom français, on formait des vœux pour que cette restauration ne s'opérât point par quelque lord vaniteux, ou quelque lourd baron allemand.

Il y avait à l'Opéra une danseuse qui, certes, était loin de rivaliser de talent avec mademoiselle Guimard ; mais dont la prodigalité l'emportait peut-être sur la sienne : je veux parler de mademoiselle Grandi. Je vous ai raconté la bonne aubaine qui, au moment même où ses prétentions rentraient dans les plus étroites limites, lui avait procuré cent trente mille livres, un magnifique équipage et quelques heures du moins contesté des pouvoirs sur un souverain. Mais cette demoiselle ébruita, sans discrétion, sa bonne fortune, et la flamme qu'elle avait allumée était trop faible pour être colportée aussi brusquement : elle s'éteignit bientôt. Déjà depuis longtemps le Pactole d'origine hyberporéenne était tari : il y a tant de manières d'écoulement des richesses chez les femmes qui ne croient pas avoir besoin de calculer.

Mademoiselle Grandi, à l'amant qui l'avait si généreusement payée d'avance, vit succéder, par malheur, un soupirant qui l'aima à terme, mais dont le crédit était assez bien établi dans la ville. La belle voiture et les chevaux fringans avaient été vendus, comme ceux qu'acheta le seigneur de Sentillane au moment de sa grande fortune, par le conseil du boulanger de la danseuse. Le nouvel entreteneur les remplaça ; il donna en outre à mademoiselle Grandi, ameublement somptueux, dentelles de prix, bijoux d'une haute valeur : c'était, disait-on, un seigneur polonais dont les terres, aux bords de la Vistule, s'étendaient à fatiguer le vol de l'aigle en les traversant. Mais aux époques des échéances que cet autre marquis de Carabas avait prises avec les fournisseurs, ses immenses revenus ne s'étant point réalisés, il se décida sans doute à aller percevoir lui-même : il disparut. Alors les créanciers s'en prirent à leurs gages naturels : on déménagea incongrûment mademoiselle Grandi.

Le sieur Blanchard, qui avait fourni carosse et chevaux, s'y prit avec plus de courtoisie : courtoisie perfide toutefois, ainsi que vous allez pouvoir en juger. Le fournisseur vient trouver la danseuse à son lever, l'aborde très poliment, et lui soumet sa demande du ton le plus mesuré. Mademoiselle Grandi pensa un moment au moyen employé par Don Juan envers M. Dimanche : elle allait demander au marchand de chevaux des nouvelles de sa femme, de son fils, de ses palefreniers, et même de sa marchandise quadrupède ; mais réfléchissant soudain que cet expédient devait être usé, même pour un maquignon, elle opta en faveur de la plainte, des reproches : les ressorts de la voiture étaient durs, les chevaux manquaient de vigueur ; les harnais tombaient dans le vieux goût. Blanchard, feignant de se laisser prendre à cette ruse, jure que madame se trompe, que ses ressorts sont doux, que ses bêtes ont beaucoup d'ardeur ; le cocher de madame, ajouta-t-il, ne sait pas les mener.

— Parbleu, dit-il ensuite comme par réflexion, c'est demain le premier jour de Lonchamp ; si madame daigne m'accepter pour cocher, je lui prouverai que mes chevaux sont excellents.

— J'accepte volontiers, monsieur Blanchard.... Et la danseuse se dit en ce moment à elle-même : qui sait, cette promenade peut finir par une liquidation.

Le lendemain, notre homme fut ponctuel ; il trouva Grandi magnifiquement parée ; on partit. Arrivé sur le Boulevard, l'astucieux cocher, se penchant à la glace de devant, dit à la demoiselle :

— Avant que nous soyons dans la foule, je veux montrer à madame ce que mon attelage sait faire sous une main habile ; mais je crains que les caracoles fougueuses des chevaux ne causent à madame quelque effroi ; si elle veut descendre un instant, en quatre tours de roues je lui aurai prouvé qu'il ne faut qu'un peu d'habileté pour faire marcher mes bêtes comme il faut.

La trop crédule danseuse consent à l'épreuve, descend et presse de son pied chaussé de satin le sol du boulevard. Soudain le créancier perfide fait en effet voler l'équipage ; mais vers la remise d'où il l'avait trop imprudemment fait sortir. Mlle Grandi, éclairée trop tard, honteuse de se trouver à pied en plein boulevard, dans une toilette digne d'un carosse à six chevaux, ne savait que devenir, lorsqu'un magnifique phaéton vint à passer. Un jeune homme d'environ vingt-deux ans était seul dans cette voiture, récemment importée d'Angleterre ; il aperçut Mlle Grandi, la reconnut, apprit bientôt sa mésaventure, et lui offrit galamment de la reconduire chez elle.

Quinze jours après, l'heureuse nymphe ne regrettait plus les bienfaits du Polonais insolvable, ni même ceux du grand personnage qui avait lui un instant dans la sphère de ses destinées. Le jeune homme au phaéton était M. le duc de Chartres ; Mlle Grandi venait d'être son second amour ; Mlle Duthé avait été le premier.

XV.

NOUVELLE SALLE — LA GRANDE LOGE — DAUBERVAL.

Lorsqu'on est sorti de la foule grâce à l'un de ces coups du sort qui, du dernier rang, vous portent quelquefois au premier, il ne faut pas, par ses goûts ou ses manières, redescendre, même pour un instant, à la condition inférieure d'où l'on est parti. Car alors l'envie, qui s'attache toujours aux fortunes improvisées, prend la modestie au mot, et fait ensuite, au parvenu, une part de considération très mince. Il est fâcheux d'être contraint d'avouer que l'impertinence convient aux gens de rien devenus quelque chose, bien mieux que l'urbanité : leur splendeur doit ressembler à ces touffes de roses sauvages qui brillent dans les buissons, mais auxquelles on ne touche qu'en se piquant les doigts. Vous allez voir pourquoi je formule ici cette généralité.

Je vous ai dit comment Mme la comtesse Du Barry, ayant repris un instant les allures de Jeanne Vaubernier, avait fait une visite matinale à Mlle Arnoux, et, dans un joyeux tête-à-tête, où deux naturels de femmes philosophes s'étaient épanchés, avait reconquis pour l'Opéra un sujet dont la perte eût été alors irréparable. Or, voici venir l'application de ce que je vous disais tout à l'heure.

Au moment de faire sa rentrée, mademoiselle Arnoux avait été mandée à Fontainebleau pour y jouer devant la cour. Soit que cette cantatrice fût encore souffrante, soit qu'elle eût préféré une réapparition préalable dans la nouvelle salle du Palais-Royal, que l'on venait de terminer, elle fut vivement contrariée de l'ordre qu'elle avait reçu, se rendit chez madame du Barry, et lui demanda, d'un ton quasi impérieux, d'être dispensée de jouer. La comtesse lui représenta d'abord avec douceur que sa majesté désirait l'entendre, et qu'elle ne pouvait prendre sur elle de contrarier la volonté du roi. Mademoiselle Arnoux, naturellement emportée, et oubliant qu'elle ne parlait plus à sa convive, mais à la favorite d'un grand roi, porta l'audace jusqu'à manquer à cette dernière, en lui disant que son empire n'était pas aussi solidement établi qu'on voulait bien le dire, si elle n'avait pas le pouvoir de manier à sa guise les caprices de son royal amant. « Pour moi, ajouta-t-elle

» du ton le plus cavalier, je n'ai jamais souf-
» fert, 5 minutes durant, à mes adorateurs,
» une autre opinion que la mienne. Voilà,
» madame, la véritable pierre de touche du
» favoritisme ; une femme qui n'en est pas
» là languit dans un misérable état de servi-
» tude. »

Rien ne pouvait déplaire autant à madame du Barry que ce discours, moins encore par ce qu'il avait de hardi qu'à cause du doute qu'il exprimait sur l'empire de cette favorite: mademoiselle Arnoux venait d'atteindre le côté le plus irritable de sa vanité, la comtesse, furieuse, repoussa l'impertinente actrice vers l'entrée de son appartement, en lui déclarant que les portes de l'hôpital, qu'elle allait faire ouvrir pour elle, seraient apparemment confirmatives du pouvoir qu'elle osait nier.

L'effet de la menace ne se fit pas attendre : une heure après cet entretien, un exempt des gardes du corps entrait dans l'appartement que mademoiselle Arnoux occupait au château, et lui remettait une lettre de cachet qui l'envoyait pour six mois à l'hôpital. L'officier emmena immédiatement *Armide*, et l'allait faire monter dans une chaise de poste qui se fût arrêtée à la Salpétrière, lorsqu'arrivé à la dernière grille, il reçut des mains d'un page un nouvel ordre de sa majesté, qui annulait le premier.

Madame Du Barry, revenue à son caractère de douceur et de modération, venait de solliciter elle-même la grâce de celle dont elle avait d'abord demandé le châtiment. Le roi s'était laissé fléchir difficilement ; mais il est probable que la comtesse ne lui avait pas redit mot pour mot le discours de la célèbre actrice.

Peu de jours après, madame Du Barry, accompagnée du comte de Saint-Florentin et d'un grand nombre de seigneurs, visita la nouvelle salle de l'Opéra, brillamment illuminée exprès pour elle. Parmi les plus obséquieux de ses courtisans, on remarquait M. le duc d'Orléans et M. le prince de Condé : ce dernier se montra complaisant auprès de l'ex-modiste jusqu'à prendre sa mante, qui l'embarrassait lorsqu'elle entra dans la loge préparée pour elle. Tous les principaux sujets de l'Opéra, les femmes surtout, remplissaient des loges voisines de celle où la favorite se trouvait : mademoiselle Arnoux, par le sentiment d'une convenance laborieuse, sans doute, n'avait pas cru pouvoir se dispenser de paraître parmi ses camarades, lesquelles, trop souvent en butte à ses sarcasmes, profitaient de l'occasion pour se venger, en racontant à droite et à gauche son aventure de Fontainebleau, mêlant à ce récit le mot ignoble d'*hôpital*, fréquemment répété. Madame Du Barry s'aperçut de cette effusion de malice, protestation très inconvenante contre sa clémence. Elle envoya prier mademoiselle Arnoux de venir la trouver ; l'actrice, ne sachant que penser et évidemment troublée, obéit en tremblant. Mais quel ne fut pas son bonheur, son triomphe, lorsqu'ayant été introduite près de la comtesse, celle-ci la fit asseoir à côté d'elle, et lui serra la main à plusieurs reprises. Mademoiselle Arnoux n'oublia jamais ce procédé rempli de délicatesse, et depuis lors fut dévouée corps et âme à madame Du Barry.

L'ouverture de la salle du Palais-Royal, après plusieurs remises successives, eut lieu le 26 janvier 1770. L'exécution de cet édifice, qui avait été confiée au sieur Moreau, architecte encore peu connu, n'offrait rien de monumental : défaut qu'il fallait surtout attribuer à l'emplacement, qui ne permettait aucun développement architectonique. A l'intérieur, la salle, fort remarquable quant à la décoration, donna lieu à de nombreuses critiques sous le rapport de la distribution. On trouva l'orchestre sourd, les voix parurent affaiblies par un mauvais calcul des lois de l'acoustique, et les premières loges semblèrent trop élevées et peu avantageuses aux femmes. Le vestibule fût déclaré indigne de la majesté du lieu ; enfin, les escaliers furent trouvés sans grâce et tellement raides, qu'en les montant, les dames offraient aux messieurs un coup-d'œil aussi piquant qu'inattendu. Les décorations, assez mal peintes, manquaient, disait-on, de proportion avec le théâtre, qui était très vaste. En un mot, un déchaînement quasi général s'éleva contre l'architecte, le décorateur, le machiniste, les directeurs et même les acteurs ; car l'opéra de *Zoroastre*, repris pour l'ouverture, parce qu'il offrait toutes les ressources de magnificence désirables, ne fut point joué à la satisfaction du public. Les costumes seuls, particulièrement ceux des ballets, excitèrent des applaudissements ; voici pourquoi : ces habits étaient diaphanes et les danseuses bien faites.

Il faut tout dire, malgré les précautions prises pour que l'ordre le plus parfait régnât dans le spectacle, il n'en fut point ainsi. Le trafic des billets, cette rouerie qui nous fait crier si haut encore aujourd'hui dans les parcs

où l'on nous resserre, comme des moutons, à la porte de nos théâtres, était dès-lors en pleine activité. Le tumulte effroyable que l'affluence des curieux occasionnait redoubla, lorsqu'arrivé dans la salle, après des efforts herculéens, on s'aperçut que les officiers des gardes, les gens de la ville et les amis des directeurs occupaient presque toutes les bonnes places, bien que, pour vendre des billets au bureau, l'on n'eût pas tenu compte de cet accaparement, que l'on nommerait, de nos jours, une *flouerie*. Vous concevez que l'encombrement extrême résultant de cet abus n'avait pas disposé le public à l'indulgence, surtout au parterre, où l'on s'étouffait littéralement. Au milieu du flux et reflux qui s'y opérait, par suite de cette gêne, un de ces joyeux compagnons, toujours disposés à plaisanter de tout, s'écria : « Ah ! pourquoi no-
» tre cher abbé Terray n'est-il pas ici pour
» nous réduire de moitié ? »

M. Caron-Beaumarchais, si célèbre à la fin

du XVIIIe siècle par ses procès, son esprit subtil, surtout par le *Barbier de Séville* et le *Mariage de Figaro*, faisait jouer alors les *Deux amis*, drame passablement froid, qui n'annonçait guère l'élan dramatique de son auteur. Or, cet écrivain, tout en vantant la nouvelle salle de l'Opéra devant Mlle Arnoux, qui était venue un instant au balcon, blâmait le choix de *Zoroastre* pour pièce d'inauguration, et déclarait qu'elle attirerait peu de spectateurs. — « Ah ! que si, répondit la spi-
» rituelle actrice, *vos deux amis* nous enver-
» ront du monde. »

Malgré les efforts un peu malveillants de M. le duc de Richelieu, les spectacles de Mlle Guimard, à Pantin, continuaient en 1770. Vers le mois de septembre, on faisait courir, dans les petits soupers, le discours de clôture de ce théâtre, composé par un sieur Armand, sur la commande de M. de La Borde. Ce discours, que bon nombre de belles dames avaient entendu débiter en loge grillée, ne peut être rapporté par aucun écrivain qui se respecte et respecte le public ; on peut donc juger ce qu'étaient les femmes qui l'entendirent en loge découverte.... Du reste, ce morceau, digne de l'Arétin, ne surprit personne : on racontait, sur les représentations de Pantin, des détails d'exécution et des dénouements inimaginables.

J'ai déjà eu l'occasion de faire remarquer à mes lecteurs que le sieur Vestris, prenant tout-à-fait au sérieux son titre de roi de la danse, se montrait, envers ses camarades, et même envers les gens du monde, d'une vanité extrême. Cependant, on disait assez haut, dans l'hiver de 1774, que depuis qu'il dirigeait les ballets, on était peu satisfait de cette partie du spectacle. Le sieur Vestris, aigri par les reproches du public, exerçait contre les danseurs et danseuses soumis à sa direction, des ricochets fort durs. Or, quand les dames avaient à se plaindre de ce maître trop sévère, elles ne manquaient pas de vengeurs dans le public, comme bien vous pensez. Mlle Heinel, danseuse très courtisée, n'ayant eu à sa disposition aucun loisir qu'elle eût voulu consacrer à Vestris, s'en était fait un ennemi irréconciliable. Jamais, dans les entrées, il ne lui ménageait de pas qui pussent faire briller son talent ; et, cependant, elle sortait toujours triomphante de cette tâche, rétrécie par l'envieux maître de ballets. Un soir qu'elle avait été couverte d'applaudissements, l'orgueilleux suzerain, lorsqu'elle rentra dans la coulisse, l'accabla d'injures, sous je ne sais quel prétexte d'affranchissement des principes. Mlle Heinel porta plainte devant le ministre de Paris, qui fit une verte réprimande au sieur Vestris, et l'obligea à des excuses envers sa camarade. L'humiliation était grande ; il fallut pourtant la subir. Après cette amende-honorable, le danseur humilié avait à se produire dans une chaconne : il la dansa avec une fureur qui l'éleva jusqu'au sublime ; ce ne fut plus le roi, ce fut le dieu de la danse.... Mais en sortant du théâtre l'humanité reprit ses droits.... Vestris se trouva mal.

Après la mort subite du sieur Trial, l'un des directeurs de l'Opéra, au mois de juin 1771, rien, dans cette année, ne sembla aussi imprévu que le mariage de Mlle Arnoux. Cette actrice, si longtemps célèbre par sa beauté, son talent supérieur et surtout son esprit, semblait s'être attachée à élever, d'un seul coup, sa sottise au niveau des brillantes qualités qui l'avaient distinguée. Le jeune homme qu'elle épousa était directeur des menus, et d'une stupidité achevée. Il avait eu, cependant, le mérite d'enlacer la célèbre *donna*, et de se faire assurer une partie de sa fortune, qui était assez considérable. L'une de ses camarades lui reprochait un jour obligeamment ce mariage : — « Au » moins, lui disait-elle, si vous aviez épousé » un homme d'esprit. » — « Que voulez-» vous, ma chère, qu'on fasse de l'esprit

» après le coucher du soleil, répondit ingé-
» nuement la nouvelle mariée. »

La *Cinquantaine* était une pastorale due à la plume de M. Desfontaines, qui, vers la fin du XVIIIe siècle, fut un vaudevilliste fort spirituel ; mais cet écrivain n'avait pas été heureux dans la composition de l'opéra dont il s'agit ici, et M. de La Borde était resté au même degré de médiocrité pour la mise en musique de cette pâle églogue, divisée en trois actes. Aussi, la *Cinquantaine* traînait-elle sur les théâtres de société depuis longtemps, lorsque le premier valet-de-chambre du roi la fit recevoir, *par ordre*, à l'Académie royale de Musique. Malheureusement, le par ordre perd tout son pouvoir dès que la toile se lève. Or, le sieur le Gros, ayant prévu l'orage que cet opéra devait infailliblement exciter, avait refusé d'y accepter un rôle. M. de La Borde le fit prévenir alors qu'il eût à opter entre la *cinquantaine* de sa façon et une cinquantaine au For-l'Évêque ; l'argument était sans réplique : l'acteur joua le rôle et fut sifflé. Après diverses huées, qui se reproduisirent souvent dans le cours de la représentation, le rideau trancha le dénouement au milieu d'un *tutti* de rire bouffon...

Il courut plus d'une épigramme sur cet échec, l'un des plus complets qu'on eût encore vus à l'Opéra. L'une de ces boutades satiriques fut très sensible à Mlle Guimard, et vous allez voir pourquoi en la lisant :

> Après Rameau paraît La Borde :
> Quel compagnon, miséricorde !
> Laissez notre oreille en repos ;
> De vos talents faites nous grâce ;
> De La Guimard allez compter les os,
> Monsieur l'auteur, on vous le passe.

Ce n'est pas un crime d'être maigre ; mais c'est un vice qui, devenu public, peut nuire à une jolie femme, et Mlle Guimard devait en souffrir plus qu'une autre. Les mauvais plaisants prétendaient alors que la célèbre danseuse se donnait tant de soucis... non, tant de sollicitude, à son théâtre de Pantin, qu'elle maigrissait à vue d'œil.

Dans le courant de l'année 1772, on se déchaînait dans les cercles parisiens et surtout à la cour, contre cette petite maison de Thalie, où la muse comique, qui n'a jamais été bien chaste, prenait, il faut en convenir, des allures de bacchante. Eh bien, à toutes les représentations, les loges grillées ne pouvaient pas suffire, et les belles dames que l'on était forcé de renvoyer criaient, le lendemain, très haut, contre le spectacle Guimard.... mais parce qu'elles n'avaient pu y être admises. C'est assez souvent des déceptions du vice que se compose la vertu....... d'apparat.

Au commencement de l'année 1772, M. le dauphin, depuis Louis XVI, et sa jeune épouse, Marie-Antoinette d'Autriche, parurent, pour la première fois, à l'Opéra *en grande loge :* j'expliquerai plus tard ce qu'on entendait

par là. M. le comte de Provence, depuis Louis XVIII, et la princesse de Savoie, qu'on appelait le *gros-madame*, assistaient aussi à cette représentation, près des héritiers présomptifs de la couronne. De mémoire d'habitué on n'avait vu ni plus nombreuse, ni plus brillante assemblée à l'Académie royale de Musique. Le *Gazettier cuirassé* disait, peu de jours après : « Les princes ont reçu le tribut
» d'applaudissements qu'on leur prodigue
» constamment depuis qu'ils paraissent en
» public, et surtout depuis qu'on sait que
» cela mystifie la cour. »

Le dauphin était alors un jeune homme de dix-sept à dix-huit ans; ses traits avaient de la noblesse, de la régularité même ; mais leur ensemble était rendu disgracieux par un clignotement habituel, qui pouvait passer pour une grimace. La mise de ce prince paraissait peu soignée. Le comte de Provence, son frère, n'était encore qu'un gros enfant jovial, aux traits fleuris, au sourire fin, mais faux. Avant qu'il fut sorti de l'adolescence, sa constitution physique était déjà envahie par une obésité qui rendait sa marche lente et difficile. Marie-Joséphine-Louise de Savoie, femme de *Monsieur*, était une princesse à la figure et à la corpulence massives; elle était extrêmement brune; ses yeux ne manquaient pas de feu, mais ils étaient surabondamment ombragés par des sourcils bruns; elle avait le front couvert, le nez retroussé; ses lèvres étaient épaisses et garnies d'un certain duvet qui, déjà, promettait de rivaliser avec une de ces perfections qu'on ne pouvait apprécier que dans la salle des gardes. Bref, dans la loge de l'Opéra, on prit *Madame* pour le prince, et celui-ci pour la princesse.

Marie-Antoinette d'Autriche, que j'essaierai de peindre avec plus de détail, n'avait pas encore accompli sa dix-septième année; sa croissance paraissait achevée, pourtant. Ses formes étaient sveltes et d'une heureuse proportion, quoique un peu maigres, peut-être. Son altesse avait une chevelure encore d'un blond particulier, qui donna naissance, plus tard, à la couleur dite *cheveux de la reine*. Son front, très élevé, recevait dans le monde cette désignation emphatique, de *port de reine*, qui ne signifie rien ; elle avait le visage un peu alongé ; ses yeux, d'un bleu d'azur, exprimaient, dans leur vivacité, la tendresse et la douceur, plus que l'esprit. Le nez aquilin de Marie-Antoinette excédait les belles proportions, sans disgracier sa physionomie. Mais la bouche de son altesse royale, quoique fraîche, laissait regretter que l'épaisseur de ses lèvres imprimât quelque chose de commun à la partie inférieure de son visage. Ce défaut s'est produit, plus marqué, chez l'impératrice Marie-Louise. La *lèvre* dite *autrichienne* est traditionnelle dans les physionomies de la maison d'Apsbourg. Lorsque le sourire séparait ces coussins vermeils, qui échappaient au blâme, grâce à leur grande fraîcheur, la dauphine montrait de très belles dents. Son teint était d'une blancheur éblouissante, et relevé par le plus vif carmin. Il y avait beaucoup de noblesse et de dignité dans la démarche de la jeune princesse autrichienne ; sa voix était douce, son abord encourageant ; ses manières avaient de l'affabilité ; mais il était facile d'exciter en elle des mouvements impérieux qui, dans la suite, devinrent un ton habituel de hauteur.

Vous dirai-je à quelle date les princes dont je viens d'esquisser les portraits paraissaient, pour la première fois, en grande loge à l'Opéra !... Lecteur, c'était le 21 JANVIER !!! Ce jour-là, le dauphin assistait joyeusement à la représentation de *Castor et Pollux*, et, *vingt-un ans après*, jour pour jour, le malheureux prince dénouait, par le martyre, le drame terrible de sa vie... Le 21 janvier, et 21 ans après... La raison bronche quelquefois sur ces dates, que l'on pourrait croire fatidiques.

Armide, *Dardanus* et *Castor et Pollux*, telle était la Trinité providentielle d'opéras qui, seule, pouvait rappeler le public et le retenir quelque temps. Le dernier de ces ouvrages, surtout, était, à chacune de ses reprises, suivi avec une sorte de fureur. Le 25 janvier, quinze personnes se trouvèrent mal dans le parterre : il fallut les enlever, à bout de bras, par-dessus les têtes ; deux d'entre elles ne revinrent pas à la vie : elles avaient été étouffées ; et, ce jour-là même, on avait refusé deux mille spectateurs. A cette reprise, qui se composa de trente-une représentations, *Castor et Pollux* produisit 115,000 livres : ce qui avait été jusqu'alors sans exemple dans les fastes lyriques.

Depuis la mort du sieur Trial, il restait encore trois directeurs à l'Opéra : MM. Berton, Dauvergne et Jolliveau ; ce qui paraissait bien suffisant pour administrer le théâtre ; les rouages multipliés ne composant pas toujours les meilleures machines. Cependant, le triumvirat susnommé vit arriver, au mois d'avril, le sieur Rebel, breveté *administrateur général de l'Académie royale de Musique.* Cette superintendance annihilait l'autorité des directeurs, ainsi que le dictateur, à Rome, paralysait, ou du moins soumettait, le pouvoir des consuls. Ce fut le sieur Dauvergne qui, ayant réuni tout le personnel de l'Opéra, lui annonça préalablement l'arrivée de M. Rebel. Quelques instants après, ce nouveau dignitaire, portant à sa boutonnière une croix de Saint-Michel large comme un écu de six livres, fit une entrée très noble et prononça un discours dont l'éloquence toucha peu les acteurs. Je me trompe, ils furent, au contraire, profondément touchés lorsqu'ayant passé des fleurs de rhétorique aux chiffres, M. l'administrateur général fit pressentir à ces messieurs et à ces dames que son traitement de 12,000 livres se composerait de rognures faites sur les gratifications des premiers sujets.

Soudain une rumeur tout-à-fait dépouillée de scrupule s'élève dans l'assemblée : chanteurs et cantatrices, danseurs et danseuses parlent de déserter l'Académie royale de Musique ; Dauberval et Mlle Guimard, particulièrement, annoncent qu'on leur offre un engagement très favorable en Russie, et qu'ils vont se mettre en route pour la capitale des czars. Un moment Rebel se vit menacé de n'avoir à exercer sa dictature que sur les machines et les chassis de l'Opéra. Heureusement, des personnes haut placées intervinrent dans cette affaire : on calma l'effervescence des têtes ; ce qui évita l'émigration des jambes habiles ; et les émoluments des premiers sujets furent conservés intacts.

A l'époque où nous sommes parvenus, la danse était luxuriante à l'Académie royale de Musique ; mais le chant faiblissait, surtout dans la haute-contre. Le Gros avait perdu déjà de ses moyens, et les autres chanteurs de son emploi faisaient concevoir peu d'espérance. Du sein de cette pénurie on demandait des hautes-contre dans toutes les provinces de la France : on enlevait, en vertu d'une lettre de cachet, tout homme convaincu de donner le *sol* aigu. Dans cette investigation, un chantre de La Rochelle fut tiré de son lutrin, amené à Paris, et métamorphosé en candidat-*Castor*. C'était un grand garçon bien bâti, doué d'une physionomie assez noble, mais d'une gaucherie qu'il devait être difficile d'échanger contre des allures héroïques. L'auteur de l'*Année littéraire* disait que ce chanteur avait besoin *d'être débourré*

Quelque sens que le journaliste attachât à cette expression vulgaire, on crut devoir faire débuter le chantre rochelais sur le théâtre de Mlle Guimard. Ce moyen manquait de prudence : il y eut tant de préalables à ce début que la voix de l'apprenti Castor était très altérée quand on l'entendit sur le théâtre de Pantin ; les amateurs chargés de le juger décidèrent qu'il ne pouvait être admis à l'Opéra.

Mlle Guimard, qui s'intéressait encore beaucoup au jeune homme, trouva ce jugement sévère ; affirmant qu'il y avait, quoiqu'on en dît, du demi-dieu en lui. Elle le retint pendant un mois auprès d'elle, flattant toujours ce pauvre diable de le faire admettre ; mais après cet espace de temps écoulé, la danseuse changea d'avis sur les dispositions de son protégé, et lui déclara qu'il ferait bien, décidément, de retourner au lutrin.

Non-seulement ce parti était loin de lui convenir après avoir goûté de la vie lyrique ; mais il représenta à M. Rebel qu'ayant joué dans *Madame Engueule*, sur le théâtre de Pantin, il serait fort mal accueilli par le chapitre de La Rochelle lorsqu'il voudrait reprendre la chape, et aurait ainsi perdu son premier état pour une profession qu'on lui avait imposée. Cette réclamation parut d'un certain poids à l'administrateur général : notre Rochelais fut engagé comme figurant à l'Opéra. Sa bonne mine le distingua toujours parmi les guerriers d'Achille qui combattaient sur la scène en guêtres noires ou en bottes à l'anglaise, et, plus tard, quand la *Caravane* parut à l'Académie royale de Musique, l'ex-chantre l'emporta sur tous ses concurrents pour l'emploi des jambes de devant du chameau.

Si Mlle Guimard se piquait peu de constance dans sa protection, elle ne négligeait rien pour tirer tout le parti possible de ses protecteurs. M. le prince de Soubise s'était vu contraint de laisser tarir le Pactole qu'il faisait couler chez la célèbre danseuse ; mais il se montrait toujours pour elle d'une bienveillance prodigue de petits soins. Par exemple, en sa qualité de capitaine des chasses, il lui accorda un canton dans les plaisirs du roi, où elle pouvait faire chasser pour sa table. Bien mieux, il lui était loisible de faire partager ce droit à ses amis ; en sorte qu'on voyait tous les jours des permissions de chasse dans les forêts de la couronne, signées par une danseuse d'opéra.

Le 18 septembre 1772 on vit apparaître, sur la scène lyrique, un nouvel astre qui devait y briller plus de quarante ans ; et le très médiocre opéra de la *Cinquantaine* ne semblait avoir survécu à ses désastres que pour servir de char au nouveau triomphateur. Ce débutant était un jeune rejeton de deux tiges illustres dans la danse : le sieur Vestris et la demoiselle Allard. On racontait des choses fort singulières sur la naissance de cet enfant, auquel le grand danseur ne donna que la moitié de son nom, ne pouvant pas légitimement le lui donner entier. Sous ce rapport, la danseuse s'avança davantage, comme on va le voir : il est vrai qu'elle était sûre, elle, de ne rien hasarder. Le petit garçon se nomma *Vestr-Allard*. Tel fut le jouvenceau qui, dès l'âge de 13 ans, se sentant des ailes aux pieds, s'élança, sous les auspices du grand Vestris, sur le théâtre de l'Opéra, et s'y fit applaudir par une danse majestueuse comme celle de son père, et enjouée comme celle de sa mère. Il va sans dire que cet enfant de l'amour fit l'orgueil et la joie des deux virtuoses ; mais partout où se révèlent les prétentions à la gloire, l'envie ne tarde guère à parvenir. Le sieur Vestris ayant pris soin du nourrisson de Terpsichore depuis sa naissance, voulait l'avoir sous sa domination ; la demoiselle Allard, de son côté, qui avait bien ses raisons pour croire ses droits infiniment moins litigieux que ceux de Vestris, réclamait avec beaucoup d'opiniâtreté la direction du jeune débutant. Il est aisé de deviner le motif identique qui guidait chacun des prétendants ; et comme on parlait d'un procès qui eût déshonoré les parties, en rendant leur cupidité publique, des amis communs intercédèrent pour éviter ce scandale.

Depuis le commencement de l'année 1772, MM. Berton et de La Borde faisaient annoncer, par toutes les trompettes de la Renommée, leur opéra d'*Adèle de Ponthieu*, dont M. de Saint-Marc avait composé les paroles ; cet ouvrage, tant prôné, ne fut pourtant représenté qu'au mois de décembre. Ce fut, hélas ! un nouvel échec pour l'auteur de la

Cinquantaine. Les ennemis de ce compositeur s'empressèrent de lui attribuer la chute de l'ouvrage ; mais elle avait été si complète que M. Berton pouvait en révendiquer sa part. Quant au poème, on disait que c'était *un opéra de Cinq Marcs qui ne pesait pas une once.*

Le goût de Mlle Guimard pour le spectacle de société et ses accessoires était devenu tel, en 1772, qu'un seul théâtre ne lui suffisait plus : au mois de décembre, elle en ouvrit un second à sa nouvelle maison de la Chaussée-d'Antin, appelée le Temple-de-Terpsichore. La charmante comédie de Collé, appelée *la Partie de chasse d'Henri IV*, fut jouée, par les comédiens du Théâtre-Français, comme pièce d'ouverture. Vainement le maréchal de Richelieu, de concert avec les autres gentilshommes de la chambre, s'était-il opposé à cet abus ; le prince de Soubise et M. de La Porte, qui avaient l'oreille du roi, avaient fait donner aux comédiens un ordre direct de sa majesté, qui annulait celui des gentilshommes de la chambre. Un autre opposant, M. de Beaumont, archevêque de Paris, qui s'était élevé contre les projets dramatiques de Mlle Guimard, réussit à faire supprimer la représentation de la *Vérité dans le Vin*, que l'on devait donner comme petite pièce... On dit, à propos de cette suppression, que monseigneur ne voulait pas que la vérité sortît d'un tonneau plus que d'un puits.

La nouvelle salle était construite sur le plan du théâtre de Versailles; la décoration offrait, avec une entente ingénieuse, les attributs des muses dramatiques et de la galanterie. Il y avait des loges ouvertes, et, bien entendu, des loges grillées pour les pudeurs timides... ou pour les pudeurs résignées. Au spectacle d'ouverture, on remarquait une foule de gentilshommes, parmi lesquels se trouvaient deux princes du sang : M. le duc de Chartres et M. le comte de La Marche, se fourvoyant avec un grand abandon au milieu d'une nuée de jolies filles étincelantes de diamants.

Tandis que ceci se passait, M. le marquis de Louvois avait laissé tomber quelque étincelle d'amoureuse flamme sur Mlle Heinel; mais, au milieu de l'année 1773, cette danseuse, ayant reçu, des bords de la Tamise, des offres brillantes que toutes les ressources de son talent et de ses charmes ne pouvaient égaler en France, abandonna ce beau pays pour celui des brumes perpétuelles et des généreux protecteurs. Alors, M. de Louvois, qui ne pouvait se passer d'un amour d'Opéra, tourna ses regards vers Mlle Grandi. Cette beauté, habituée aux dons magnifiques, ne fit aucune condition à son nouvel amant, et s'occupa seulement de bien mériter de la générosité du marquis.

Or, un matin, au moment de quitter sa belle, il lui demanda, d'une manière délicate, ce qui lui plairait; Mlle Grandi parla d'une de ces rivières de diamants que l'on appelait alors des *chatons*... M. de Louvois partit, après avoir laissé remarquer à sa maîtresse un sourire d'assentiment.

Dans la journée, on apporte à la danseuse une caisse bien fermée; son cœur bondit soudain de joie: elle pense que son amant, plus généreux encore qu'elle ne l'a supposé, s'est fait un plaisir de joindre aux *chatons* quelque objet nouveau de toilette. Elle ouvre la boîte avec précaution; mais que devient-elle en reconnaissant qu'elle est pleine de petits chats... Le marquis de Louvois était jovial; toutefois, sa nouvelle conquête ne trouva pas le tour plaisant. Elle pleura de rage.

Mais, si dans le premier moment de son dépit, une femme humiliée pleure avec amertume, l'instant qui suit est ordinairement consacré à méditer une vengeance. Il serait à désirer que les observateurs prissent bonne note de ceci, pour l'usage particulier des maris et même des amants. Mademoiselle Grandi s'évertua toute la journée à chercher une malice bien piquante, bien noire, qui pût l'acquitter envers le trop facétieux marquis. Elle n'avait encore rien trouvé lorsque le soir il reparut chez elle. — Voilà, par exemple, qui est trop fort, se dit la marraine du roi de Danemarck, en voyant entrer Louvois ; mais ne lui donnons pas le spectacle d'une fureur à vide : cela ne ferait qu'ajouter à sa malicieuse satisfaction...

Grandi reçut donc le marquis avec une joyeuse humeur, feinte d'abord, mais qui bientôt devint réelle. C'est que la dame venait de trouver ce qu'elle avait cherché toute la journée : une vengeance. Sous prétexte de donner ses ordres pour le souper, elle s'absenta quelques instants, et, lorsqu'elle rentra, sa gaîté parut encore augmentée. Louvois ne savait que penser ; il commençait à croire que sa commission n'avait pas été faite.

On soupa au sein de la plus expansive hilarité ; puis on se réfugia sous la voûte de damas bleu céleste où s'étaient succédés déjà bien des amours. Le marquis avait eu à peine le temps de s'étendre entre deux draps de fine batiste, lorsqu'il se prit à pousser des cris, ou plutôt des hurlements effroyables.

— Ahye ! ahye ! qu'est-ce bon Dieu ! qui me dévore les jambes ?

— C'est votre cadeau, marquis ; j'ai voulu vous en faire honneur... : seulement vous vouliez me mettre des chats au cou, moi, je vous les mets aux jambes.

— Allons, c'est de bonne guerre, dit le marquis en sautant du lit...

Et le lendemain mademoiselle Grandi eut une véritable rivière de chatons.

Les vicissitudes galantes se succédaient avec rapidité dans les régions de l'Opéra, vers le milieu de l'année 1773 : parmi les plus remarquables, on citait la rupture de M. de La Borde avec mademoiselle Guimard : rupture du genre de celles que tout adorateur de cette célèbre danseuse devait attendre d'elle un peu plus tôt ou un peu plus tard, sous l'empire de son infatigable inconstance. Le premier valet de chambre du roi croyait avoir échappé, à force de soins, à la loi impérieuse du changement qui régnait au cœur de cette dame; vain espoir ! il avait seulement fait vivoter un peu plus long-temps que de coutume la flamme qu'elle promenait volontiers sur tous les hommes aimables formant sa société. Dans son désespoir, M. de La Borde prit en dégoût la musique même, autre maîtresse qui, par ses cruautés habituelles, lui avait fait passer de bien mauvais jours... Il avouait candidement, en 1773, que de cet amour malheureux il était résulté pour lui plus de tracasseries, plus de chagrins que des affaires épineuses n'auraient pu lui en causer. L'amant délaissé par la danseuse et victime des cruautés de la Muse, se disposait à voyager pour oublier les rigueurs de l'une et de l'autre. Voici un autre chapitre des vicissitudes du monde lyrique.

Mademoiselle Dubois, actrice du Théâtre-

Français, aimait, depuis quelques années, M. Dauberval, danseur à l'Opéra, d'un amour périodique qui s'éteignait et se rallumait par intervalles, selon l'occupation qu'il rencontrait ailleurs, ou le besoin qu'il éprouvait de revenir à ses vieilles habitudes. En 1775, mademoiselle Dubois, ayant quitté la comédie, perdit les occasions de faire varier ainsi sa tendresse, et, faute de mieux, ne songea à rien moins qu'à se faire épouser par le danseur. Mais celui-ci, sans avoir eu l'air d'y prendre garde, avait observé les inclinations voyageuses du sentiment dont on voulait se prévaloir sérieusement ; il refusa net la conclusion matrimoniale. Vainement mademoiselle Dubois s'appuyait-elle d'un témoignage vivant qu'elle faisait élever avec beaucoup de soin ; Dauberval prétendit que la passion de la réclamante, avait toujours été tellement intermittente que le gage invoqué pouvait appartenir à vingt autres tout aussi bien qu'à lui.

Or, depuis que madame Du Barry nourrissait très positivement des vues à la Maintenon, qui auraient pu se réaliser si Louis XV fût mort seulement un an plus tard, elle se faisait, à l'exemple de sa devancière, une vie d'apparat très morale en vérité. Encouragée par la connaissance de ce nouveau système, mademoiselle Dubois, pour qui la favorite avait des bontés, alla se jeter à ses pieds, épancha son âme, expurgée de ses peccadilles, dans le sein de cette puissante protectrice, et la supplia d'interposer son autorité pour contraindre Dauberval à l'épouser.

La comtesse promit d'intercéder auprès du danseur ; de le tancer vertement s'il osait montrer quelque opposition aux désirs de l'actrice ; enfin, elle renvoya celle-ci pleine d'espérance de voir légitimer le petit garçon dont la paternité divergeait, il faut en convenir, dans les souvenir mêmes de sa mère.

Le lendemain, Dauberval, mandé à Versailles par madame Du Barry, fut reçu avant son lever, comme il lui arrivait souvent de recevoir des princes du sang, qui ne dédaignaient pas de préparer ses pantoufles, afin que son joli pied ne les cherchât point... Ceci est littéralement historique. Quand le danseur pénétra dans le temple où reposait la divinité que le vieux Louis XV adorait de son mieux ; il n'y régnait qu'un demi jour, entretenu par cette coquetterie expérimentée, qui ne permet jamais aux charmes de se produire trop matin. Et même les rideaux de moire de la couche somptueuse étant fermés, la comtesse jugea qu'elle pouvait très bien se permettre d'entretenir le danseur sans les tirer.

— Qui est là ? dit une douce voix partant du lit, lorsque Dauberval entra dans la chambre.

— Madame la comtesse, c'est Dauberval, qui se rend à vos ordres.

— Voilà qui est bien ; répondit la douce voix ; asseyez-vous, Dauberval, nous avons à causer... Oh ! ça, que m'a-t-on dit ? serait-il vrai que vous refusez d'épouser cette pauvre Dubois, qui vous aime de toute son âme, et que vous avez rendue mère.

— Madame la comtesse, mademoiselle Dubois, en vous faisant part de son amour fidèle et de ma paternité, vous a affirmé deux choses beaucoup plus que contestables... Contre la première assertion, il me serait facile de produire des témoignages tellement irrécusables et si nombreux, qu'ils pourraient équivaloir à un acte de notoriété.

— Ah ! bon Dieu, s'écria la comtesse du fond de son lit, en se peignant, sans doute, toute cette cohue de témoins.

— Quant à la paternité, reprit le danseur, je garde dans mon portefeuille trois lettres de mademoiselle Dubois, qui m'ont été remises par des amis serviables de la Comédie-Française, auprès desquels cette actrice avait essayé de faire valoir la même prétention.

— Soit, Dauberval ; mais la voilà sortie

des sentiers glissants de la vie théâtrale.....

— Madame la comtesse, on glisse partout.

— Allons, Dauberval, soyez raisonnable ; consentez à épouser mademoiselle Dubois.

— C'est précisément parceque je prends conseil de ma raison, que je ne puis me décider à conclure ce mariage.

— Quoi ! lorsque je vous en prie...

— Pour les plaisirs de madame la comtesse, le danseur sera toujours prêt à obéir en tout ce qu'il lui plaira d'ordonner ; mais quant à sa vie privée, Dauberval se croit l'arbitre souverain de ses actions.

— Vous pourriez vous tromper, s'écria la favorite en ouvrant tout-à-coup son rideau, dont les anneaux grincèrent avec bruit sur leur tringle.....

Mais ce mouvement impétueux n'eut que la durée d'un éclair ; madame Du Barry n'avait vu sur le théâtre de l'Opéra qu'un acteur barbouillé de rouge, de blanc, de bleu, de noir ; tantôt sauvage, tantôt démon, fleuve ou satire, rarement sous des formes gracieuses, que se réservait d'ordinaire l'autocrate Vestris... Et soudain lui apparaissait à son réveil, un cavalier admirablement fait, vêtu avec une élégance à copier par les marquis de l'OEil de Bœuf... Le bras potelé et d'une blancheur éblouissante de la favorite restait attaché au rideau, et sa charmante tête demeurait soulevée de l'oreiller qu'elle avait quitté par un élan d'humeur maintenant bien calmé.

— Après tout, reprit madame Du Barry avec douceur, je n'ai ni le droit ni la volonté de vous contraindre, M. Dauberval... En y réfléchissant, les motifs qui vous empêchent d'épouser mademoiselle Dubois me paraissent plausibles... Mon Dieu, la belle maline que vous portez en jabot... Et cette broderie d'habit... l'on dirait en vérité d'un parterre émaillé de fleurs fraîchement écloses.

— Moins fraîchement que celles du teint de madame la comtesse.....

Et Dauberval, parfaitement dispensé d'épouser Mlle Dubois, adjuré même de n'en pas épouser une autre, quitta la favorite en lui répétant: pour les plaisirs de madame la comtesse, elle me trouvera toujours prêt à lui obéir.

— Toujours, répéta Jeanne Vaubernier en riant.

— J'ai l'honneur de vous l'affirmer.

Le lendemain, M. Rebel recevait l'ordre de donner à M. Dauberval le titre et le traitement de premier danseur.

XVI.

UNE GRANDE LOGE — APPARITION DE GLUCK — ANECDOTES — RÉFORE A L'OPÉRA.

Dans une monographie de l'Opéra, la solennité d'une *grande loge* est un point historique de quelque intérêt, en ce que cet usage n'appartient plus à nos mœurs. Aujourd'hui les princes sont rentrés dans les voies de la simple humanité : leur apothéose terrestre s'est éteinte au sein de nos orages révolutionnaires. Ce que je vais vous dire doit être classé parmi les traditions.

Lorsque les princes ou princesses du sang devaient se rendre à l'Opéra, on formait une enceinte au-dessous de leur loge : cette enceinte n'était occupée que par les cent Suisses. La loge placée au-dessus de celle des illustres personnages restait également vide ; on y mettait un garde du corps en sentinelle. Toutes les loges situées du côté de celle des princes étaient occupées par les dames de la cour : quels que fussent leurs droits, d'autres spectateurs n'y pouvaient être admis. Dans le balcon faisant face aux princes, le maître des cérémonies de la cour avait soin de grouper les plus jolies femmes qu'il pouvait réunir ; son choix donnait lieu à un concours des plus variés. A chaque coin du théâtre, un garde du corps était placé en faction : on le relevait à chaque acte.

Or, le 16 juin 1773, le dauphin et la dauphine, qui ne connaissaient point encore ces macédoines lyriques qu'on appelait des *fragments*, avaient annoncé qu'ils voulaient assister à ce genre de spectacle : ce jour-là, il se composait d'un acte d'*Amadis*, de deux actes de *Théonis*, et d'un acte de *Zelindor*. Le maréchal duc de Biron avait fait toutes les dispositions mentionnées plus haut ; de son côté, la jeune duchesse de Chartres avait cru devoir se rendre dans sa loge avant les illustres époux, afin de leur faire les honneurs d'une dépendance du palais de son beau-père.

Le dauphin se présenta le premier sur le devant de la loge : les deux petits saluts qu'il fit, l'air décontenancé et rechigné qu'il avait en les faisant, témoignèrent assez clairement et de sa maladresse, et de la contrariété qu'il éprouvait dans cette exhibition de sa royale personne. Heureusement, le prince, s'étant réfugié promptement au fond de la loge, laissa paraître la dauphine dont les deux révéren-

ces, purgées par Gardel de toute gaucherie allemande, et qu'accompagnait le plus gracieux sourire, enchantèrent l'assemblée, qui exprima son enthousiasme par des battements de mains universels. Le dauphin, chez lequel une sagesse prématurée affectait quelquefois les formes de la mauvaise humeur, murmurait sur son siège contre cette bruyante ovation, et se plaignait avec quelque amertume d'être traité par le public en *histrion*. —
« Votre altesse a tort de se fâcher, dit Marie-
» Antoinette d'une voix caressante : les Pari-
» siens nous accueillent comme les acteurs
» qu'ils aiment. »

Mademoiselle Heinel, que l'on croyait perdue pour l'Opéra, était revenue de l'Angleterre : elle n'avait pas trouvé à Londres des cœurs aussi tendres ou des bourses aussi faciles à se délier qu'elle s'y était attendue. On sait que cette danseuse était allemande : la dauphine, en bonne compatriote, parut charmée de son talent. Elle allait compléter, en

donnant le signal des applaudissements, le parallèle qu'elle venait de faire avec une aimable légèreté, lorsque M. le maréchal de Biron s'approchant d'elle, lui dit : « J'oserai
» représenter à votre altesse royale qu'il est
» d'étiquette de ne point applaudir aux spec-
» tacles de la cour : aujourd'hui, madame, le
» public doit surtout s'en abstenir envers les
» acteurs, puisqu'à l'entrée de vos altesses
» royales, ce signe d'une haute satisfaction
» a été consacré pour elles..... Le prodiguer
» maintenant aux gens de la scène serait le
» profaner. — C'est donc pour cela, inter-
» rompit résolument Marie-Antoinette, que
» MM. les exempts des gardes s'évertuent à
» faire entendre des *chuts!* pour contenir l'ad-
» miration qu'excitent les acteurs dans les
» bornes d'un respect triste et froid. Savez-
» vous, monsieur le maréchal, que Vestris,
» Gardel et mademoiselle Heinel, qui vien-
» nent de danser admirablement, doivent
» trouver le respect fort ennuyeux, et je

» suis un peu de leur avis. S'il s'agissait
» d'applaudir la musique que nous enten-
» dons, ajouta la dauphine en souriant, je
» concevrais mieux que l'on fût économe
» d'applaudissements. »

Ce n'était pas la première fois que la fille de Marie-Thérèse s'expliquait avec cette liberté sur la mélodie française, qu'elle ne goûtait point du tout. Quant au dauphin, si on lui eût demandé ce qu'il préférait de l'école de Rameau ou de celle d'Italie, il est très probable qu'il eût répondu : j'aime mieux la chasse.

Le prince royal et sa gracieuse épouse étaient aimés des Parisiens, qui les accueillaient toujours, soit au spectacle, soit sur la voie publique, avec des transports que le roi n'excitait plus depuis longtemps. Or, en rentrant à Versailles, le dauphin, que Louis XV ne pouvait manquer d'interroger sur l'accueil qui lui avait été fait à l'Opéra, ne savait comment lui en rendre compte, le vieux monarque se montrant jaloux de tout accueil flatteur fait à ses petits enfants. La dauphine pria son mari de lui laisser le soin délicat qui l'embarrassait : elle s'en acquitta de la manière la plus fine et la plus adroite. « Sire, » dit-elle au roi, avant de lui raconter les » détails de la grande loge, il faut que votre » majesté soit bien aimée des Parisiens, car » ils nous ont bien fêtés. » Louis XV secoua la tête sans répondre : il n'était pas dupe de l'heureuse supercherie de la jeune princesse.

Les réputations qu'on est tenté d'oublier produisent le plus de bruit et d'éclat qu'elles peuvent pour entretenir l'attention. Mademoiselle Arnoux, qui tenait beaucoup à n'être pas oubliée, eut, dans l'automne de 1775, la fantaisie de faire tirer un feu d'artifice dans le Palais-Royal, ou elle demeurait, en l'honneur de la naissance du premier fils de M. le duc de Chartres (1) ; elle écrivit à M. le duc d'Or-

(1) Ce fils de M. le duc de Chartres, appelé alors le duc

léans pour lui en demander la permission, et ce prince fit à la célèbre actrice une réponse très favorable. En conséquence, après le spectacle, on se rendit dans le jardin, et la fête pyrotechnique fut donnée à la satisfaction des spectateurs. Au milieu du tohu bohu que dut produire cette annexe improvisée de l'Opéra, il se glissa, comme on le pense bien, des épisodes aussi variées que pittoresques ; car aux dames titrées qui sortaient de l'Académie royale de Musique, il se mêla une multitude de nymphes extrêmement suspectes, dont la présence donna lieu aux plus étranges quiproquos.

Quant à mademoiselle Arnoux, sa fête eut un retentissement auquel l'excellente actrice ne s'était pas attendue : de petits vers épigrammatiques coururent dans les salons, et tous avaient pour refrain qu'*Armide,* malgré

---

de Valois, règne aujourd'hui sous le nom de Louis-Philippe Ier, et la qualification constitutionnelle de *roi des Français.*

tout son pouvoir, n'allumant plus de flammes naturelles, se voyait forcée de recourir aux feux d'artifice.

Nous avons vu que la dauphine Marie-Antoinette professait un certain mépris pour la musique française, et qu'elle estimait peu la musique italienne. En conséquence de ce double éloignement et d'un goût très prononcé que cette princesse avait pour la mélodie de son pays, elle méditait, depuis quelque temps, le projet d'importer en France cette harmonie germanique ; et tout porte à croire que son altesse royale fit faire des propositions à un musicien allemand, nommé le chevalier Gluck, élève de l'Académie de Naples. Ce compositeur, qui s'était fait connaître à Rome dès 1756, avait, depuis lors, beaucoup modifié ses inspirations d'école. Il s'était convaincu que la contexture des opéras italiens était incompatible avec un intérêt continu, et que cette musique, en sacrifiant tout à l'oreille, s'éloignait chaque jour de plus en plus du véritable objet de toute action dramatique.

Un poète italien, pénétré des mêmes principes, M. Calsabigi, composa, sur une forme nouvelle, des poëmes à l'aide desquels Gluck fit l'épreuve de ses idées : tels furent *Alceste*, *Orphée*, *Paris* et *Hélène*, qui enlevèrent les suffrages des Italiens mêmes, en triomphant de leurs habitudes.

Cette expérience étant faite, le chevalier Gluck, sentit que la forme et les accessoires de l'Opéra-Français étaient favorables à ses vues, et très propres à produire de grands effets. Il ne crut pas notre langue incompatible avec la musique la plus riche, la plus expressive ; encore moins crut-il nos oreilles incapables de l'entendre.

Or, le 14 janvier 1774, il parut dans le *Mercure* une lettre de ce musicien, qui offrait aux directeurs de l'Opéra de leur envoyer, ou plutôt de leur apporter l'*Iphygénie* de Racine, mise en musique. Ces messieurs, tout aussi orfèvres que M. Josse, se montraient peu curieux d'harmonie étrangère, eux qui en vendaient ; ils éludèrent l'offre du compositeur allemand. Mais le chevalier Gluck, certain d'être soutenu par la dauphine, arriva, et cette princesse lui donna ses entrées chez elle à toute heure. Tel fut le premier avantage que la fille des Césars autrichiens ménagea à ses compatriotes sur ses futurs sujets... heureux si elle ne se fût montrée Autrichienne qu'en cela.

Au mois de mars, on sut que c'était le marquis de Rollet qui avait coupé l'*Iphygenie* de Racine en opéra. Les répétitions commencèrent dans le même mois, et les dilettanti du temps les suivirent avec une sorte de fureur. Le chevalier Gluck déclara, du reste, qu'il était enchanté de nos acteurs, et surtout de notre orchestre, qui, disait-il, exécutait son ouvrage avec une grande précision. La répétition générale fût écoutée par une *chambrée* non moins complète que s'il se fût agi de la première représentation même ; mais à cette dernière épreuve, il n'y avait plus parmi les assistants la même unité de sentiments qu'aux précédentes répétitions. Il fut aisé de reconnaître qu'une coterie rivale avait ses représentants dans la salle. Ici l'on disait que l'œuvre nouvelle ne pouvait manquer de faire époque, le compositeur ayant su donner à chaque passion l'accent qui lui convient, et la partition en général se faisant remarquer par une expression tour-à-tour énergique et touchante, sans jamais cesser d'être vraie. Ailleurs, au contraire, on soutenait que les mouvements de l'âme, dans la musique du chevalier Gluck, semblaient émaner constamment d'un fougueux délire; qu'aucune nuance n'y était exprimée, et que le beau caractère du drame de Racine se noyait dans un bruit confus de voix et d'instruments.

Il est vrai qu'à voir le musicien s'agiter comme un possédé dans une sorte d'accès musical, en conduisant son opéra, l'on eût pu croire à l'inspiration démoniaque que ses adversaires lui reprochaient ; mais leur jugement ne pouvait-être accueilli sérieusement, je vais vous dire pourquoi.

Deux puissances féminines dominaient à la cour depuis le mariage du dauphin : madame Du Barry, qui régnait encore, et madame la dauphine, qui bientôt devait régner. Comme le terme du règne de la première et le commencement du règne de la seconde, étaient encore un mystère de la Providence, au mois d'avril 1774, l'empire usurpé de la favorite balançait au moins l'influence légitime de la princesse royale. Dans l'occurrence qui nous occupe, l'Aspasie de Versailles, connaissant la protection accordée par l'altesse autrichienne à son compatriote, ne trouva rien de plus conforme au plan de rivalité qu'elle suivait depuis trois ans, que de former une cabale contre l'*Iphigénie* lyrique ; vous avez vu le premier effet de cette prise à parti. Mais madame Du Barry ne s'en était pas tenue à préparer une opposition au succès de Gluck ;

elle avait songé à lui susciter une rivalité. Un ambassadeur, parti du boudoir de la comtesse, se rendit en Italie, avec mission expresse d'en amener *Piccini*, compositeur non moins célèbre que Gluck, mais athlète de la musique ultramontaine.

Cependant, parmi les moyens que Madame la dauphine faisait employer pour assurer le triomphe du compositeur allemand, les petites suggestions confidentielles, les intrigues de coulisses, conséquemment le libre accès de certains personnages influents au foyer et dans les loges des acteurs, pouvaient être d'un grand secours ; la favorite le prévit, et huit à dix jours avant l'apparition d'*Iphigénie*, une ordonnance du roi, affichée à toutes les portes de l'Opéra et dans l'intérieur de la salle, fit défense d'introduire toute personne étrangère au service du théâtre ailleurs que dans la partie du local réservée aux spectateurs. Il va sans dire que les considérants de cette ordonnance s'étendaient longuement sur la suppression de certains abus, aussi contraires à la régularité du service qu'au maintien des *bonnes mœurs* dans un théâtre royal.

Or, les bonnes mœurs invoquées par sa majesté Louis XV, à l'instigation mal cachée de Mme Du Barry, parurent une excellente plaisanterie aux habitués de l'Opéra. Mais l'acte émanant de la *décence* royale ne parut point du tout plaisant aux demoiselles du *magasin* : il atteignait leurs intérêts d'une manière ruineuse..... Une euphonie de plaintes et de lamentations s'élevait chaque soir des groupes, maintenant réduits à des éléments féminins, qui se formaient derrière le rideau. Mais ce furent bien d'autres clameurs vraiment, lorsqu'une décision de M. l'administrateur général de l'Académie royale de Musique prononça le renvoi de Mlle Allard, au beau milieu de ses triomphes. La réforme de cette charmante danseuse était motivée sur ce que, devenant mère très régulièrement tous les neuf mois, elle se trouvait presque toujours

hors d'état de faire son service. « Ce motif,
» dirent dans le temps les auteurs du *Mer-*
» *cure,* a produit une vraie révolution dans
» le tripot : toutes les actrices se voient
» ainsi atteintes dans leur plus chère préro-
» gative ; elles réclament hautement contre
» une mesure tendant à leur interdire une
» liberté qui intéresse essentiellement leur
» fortune ; car on ne se fait pas d'idée com-
» bien le goût des paternités secrètes a fait
» de progrès depuis quelques années parmi
» nos seigneurs galants, malgré tout ce que
» cette douce qualité comporte d'incertitude,
» surtout dans les régions de l'Opéra. On
» parle d'un placet où ces dames, s'autori-
» sant d'un droit imprescriptible, demande-
» ront explicitement la conservation du libre
» arbitre de la maternité. »

Enfin, l'*Iphigénie* de Gluck, déjà fameuse avant d'être née pour le public, fut affichée le 19 avril ; et dès onze heures du matin toutes les avenues de l'Opéra étaient envahies par une foule immense, dont le tiers au plus eût tenu dans la salle, quand même les deux tiers des places n'eussent pas, comme de coutume, été marquées d'avance pour des champions amis ou ennemis de la pièce.

Ainsi qu'on s'y était attendu, le succès fut brillant, mais non pas unanime. La cabale montée par madame la dauphine ne fit pourtant pas défaut à sa tâche : dès cinq heures, son altesse royale était à son poste avec M. le dauphin, M. le comte et Mme la comtesse de Provence, MM^{mes} les duchesses de Chartres et de Bourbon, et Mme la princesse de Lamballe : cohorte illustre que grossissait toute la jeunesse titrée. Mais du côté opposé, se développaient, compactes et imposantes, les phalanges de la vieille cour, ayant pour centurions les adorateurs de Mme Du Barry. On racontait avant le spectacle, que M. le prince de Condé avait flotté indécis entre les deux camps ; qu'enfin, n'osant se ranger sous la bannière Du Barry, il s'était abstenu de combattre, et avait opéré secrètement sa retraite. Au parterre, les deux partis se trouvaient confondus, ce qui faisait présager une mêlée terrible, si la présence des princes ne tenait pas suspendus les coups de poing imminents que l'on devait prévoir.

Madame la dauphine, qui connaissait la cabale Du Barry, se démena dans sa loge comme un petit lutin, pour donner la victoire à son protégé sur le parti rival. Non-seulement son altesse royale fut bien secondée par les auxiliaires illustres qui l'entouraient, mais à moitié sortie de sa loge, elle donnait au parterre le signal des applaudissements, et son œil d'une vivacité ardente, semblait menacer de sa disgrâce tout ce qui n'eût pas battu des mains... Il est malheureux que cette puissance d'intimidation n'ait pas été transmise à nos chefs de claque : nous aurions vu de bien belles choses en fait de succès. Mais ne nous plaignons pas ; ce que nous voyons n'est pas mal.

Je l'ai déjà dit, le triomphe d'*Iphigénie* ne fut pas unanimement goûté, mais, d'une part, la protection ouvertement imposée de Marie-Antoinette, et l'intérêt incontestable de l'œuvre d'autre part, ne permirent pas aux adversaires de Gluck d'agir dans le sens de leur mission : si la malveillance essaya de troubler les applaudissements sollicités par une main royale, son expression fut étouffée. Ce que l'on remarquait surtout de supérieur dans le genre du compositeur allemand, c'était le parti heureux qu'il avait su tirer de cette déclamation chantée, qui, jusqu'alors, était retombée habituellement en nuages de pavots sur les spectateurs. Gluck fut le premier qui introduisit le véritable drame dans le récitatif, et communiqua ainsi à l'opéra la vraisemblance, qui lui manqua tant que les mouvements de l'âme ne ressortirent que des morceaux de chant proprement dits. Sans doute, l'ariette doit être l'expression du sentiment, mais du sentiment dans certaines conditions que les situations doivent amener graduellement; et les situations, sur la grande scène lyrique, ne se dessinent, ne se préparent que par le récitatif. Quant aux parties de l'action où la puissance de déclamation de Racine devait être remplacée par une harmonie passionnée, Gluck avait fait preuve d'une énergie orageuse, si je puis m'exprimer ainsi ; tandis que pour peindre la tendresse, le compositeur avait trouvé des accents remplis de grâce et de suavité.

Aux représentations suivantes, *Iphigénie* n'attira pas moins de foule qu'à son apparition ; et le trafic sur les billets, peu exercé dans les demi-succès, acheva de prouver que celui-ci était complet. Les billets de parterre, accaparés par certains particuliers, se vendirent six, dix, et jusqu'à quinze francs. Il fallut un poste à chaque entrée du parterre, pour empêcher qu'on ne fût écrasé. A l'une des représentations, on demanda l'auteur avec une persistance prolongée près d'une demi-heure, et qui ne cessa que lorsqu'on vint dire que M. le chevalier Gluck était malade et dans son lit.

Jean-Jacques Rousseau, après avoir écouté deux fois *Iphigénie* avec une profonde attention, qui n'avait été mêlée d'aucun témoignage de plaisir, ni d'aucun signe de désapprobation, alla trouver les directeurs de l'Opéra, et leur déclara, contrairement à ses opinions anciennement émises, qu'il était possible de composer d'excellente musique étrangère sur des paroles françaises.

Dans le temps que le succès d'*Iphigénie*, en se consolidant, achevait d'accréditer parmi nous la musique dramatique, et d'ouvrir ainsi une carrière plus large aux muses lyriques, la littérature critique, qui voulait, en favorisant ce résultat, affranchir nos poètes d'une honteuse dépendance, complétait, par le raisonnement, une révolution dès longtemps préparée dans les bons esprits. L'abbé

Arnaud couronna, plus tard, une série de plaidoyers éloquents, en faveur de l'harmonie allemande, par un excellent article inséré au *Journal politique et littéraire ;* on y lisait :
« Ce n'est point assez d'avoir créé une musi-
» que dramatique, il fallait des acteurs, des
» chanteurs, des symphonistes. Gluck trouva
» un orchestre qui ne voyait guère que des
» *ut* et des *ré*, des noires et des croches ;
» des assortiments de mannequins qu'on ap-
» pelait des chœurs ; des acteurs dont les uns
» étaient aussi inanimés que la musique
» qu'ils chantaient, et les autres s'efforçaient
» de réchauffer, à force de bras et de pou-
» mons, une triste et lourde psalmodie, ou
» de froides chansons..... Prométhée secoua
» son flambeau et les statues s'animèrent.
» Les instruments de l'orchestre devinrent
» des voix sensibles qui rendaient des sons
» touchants ou terribles, qui s'unissaient
» toujours à l'action pour en justifier ou en
» multiplier les effets. Les acteurs apprirent

» qu'une musique tout à la fois parlante et ex-
» pressive, n'avait besoin que d'être bien sen-
» tie pour entraîner une action forte et vraie.
» Les figurants des chœurs, mis en mouve-
» ment, furent étonnés de se trouver des ac-
» teurs ; et les danseurs furent encore plus
» étonnés de n'être plus rien sur un théâtre
» où ils étaient presque tout... Enfin, on
» vit, pour la première fois, une tragédie
» en musique, écoutée d'un bout à l'autre
» avec une attention continue et un intérêt
» toujours croissant ; faisant verser des lar-
» mes jusque dans les coulisses, et excitant,
» dans toute la salle, des cris d'admira-
» tion. »

Il y a dans ce tableau des traits d'une incontestable vérité ; mais d'autres sont forcés.
Gluck ne trouva point de mannequins sur la
scène de l'Opéra, encore moins des machines
à solfier dans l'orchestre : la déclaration même
de ce compositeur, que j'ai consignée plus

haut, est contraire à cette assertion d'un Gluckiste trop absolu.

Tandis que Gluck, sans opposition sérieuse jusqu'alors, s'emparait du sceptre de la musique, la chronique galante de l'Opéra cheminait doucement dans sa sphère peu mystérieuse. Mlle Arnoux, par exemple, venait d'inspirer une nouvelle passion : le prince d'Hénin s'était inscrit au nombre, peut-être devrais-je dire à la suite, de ses adorateurs. La célèbre cantatrice touchait à son automne; mais cette saison de la vie a ses charmes omme le printemps : c'est l'âge où, chez les femmes, fleurit l'esprit, cette fleur délicate, souvent négligée par elles tant que la jeunesse et la beauté brillent de tout leur éclat. Fort heureusement, le prince d'Hénin n'avait point à cultiver cette fleur, dès longtemps épanouie chez sa nouvelle maîtresse : pour suivre ma figure, je dirai que Mlle Arnoux était un parterre ou plutôt un verger en parfaite activité productive.

J'ai à vous rendre compte du motif pour lequel je viens d'employer l'adverbe *heureusement ;* voici : M. le prince d'Hénin était un seigneur d'une haute naissance ; sa fortune, encore vierge des subsides payés au *magasin* de l'Opéra par la gentilhommerie française, pouvait suffire au plus grand état ; mais son altesse était d'une simplicité candide. Or, s'il est des biens que l'on partage en amour, l'esprit n'entre pas dans ces trésors mis en commun ; et quand il se trouve tout entier d'un côté, la bonne intelligence des amours ne peut être longue, à moins qu'elle ne soit maintenue par le calcul.

Cependant, quelque brève que dût être la liaison formée entre le prince d'Hénin et Mlle Arnoux, selon toutes les probabilités déduites de l'incompatibilité de capacités intellectuelles, cet accord, tout matériel, contrariait M. le comte de Lauraguais. Son amour pour la *prima donna* ne se révélait plus par la flamme ; mais il en couvait encore des étincelles sous la cendre ; et le seigneur vaniteux ne s'accoutumait pas à l'idée d'être remplacé, je ne dirai pas dans les affections, mais dans les habitudes mêmes de cette *Armide,* dont il avait été si longtemps le Renaud. Cependant, ne pouvant invoquer auprès d'elle la validité d'un contrat que, pour son compte, il avait criblé de coups de canif, il chercha à faire tourner au ridicule les amours qui blessaient sa vanité. Le moyen qu'il employa était aussi neuf qu'ingénieux.

Un matin, quatre docteurs renommés de la Faculté de Médecine sont convoqués chez le comte pour une consultation urgente, écrivait-il à chacun d'eux. Les quatre médecins, perruque doctorale en tête, manchettes déployées, solitaire étincelant au doigt, canne à bec-de-corbin d'or à la main, arrivent à l'heure dite chez le grand seigneur, et, sur un signe obligeant qu'il leur fait, prennent séance autour de son bureau.

— Messieurs, leur dit ensuite le comte, le

malade sur lequel je désire vous consulter n'est pas ici ; mais je puis vous expliquer le cas, et je pense que vous pourrez prononcer, même en son absence. La question qu'il s'agit de résoudre est celle-ci : Peut-on périr d'ennui ?

L'un des médecins, après avoir toussé trois fois d'une manière élégante, puis passé une langue très vermeille sur ses lèvres, commençait par une longue circonlocution, déjà lardée de latin, le plus alambiqué des préambules ; Lauraguais l'interrompit :

— Éloignons, je vous prie, Messieurs, toute discussion savante : le système arriverait et nous conduirait infailliblement dans un labyrinthe inextricable. Je réitère ma question, et vous prie d'y répondre catégoriquement : peut-on mourir d'ennui ?

— Assurément, répondit le docteur à l'éloquence répercutée.

— Mort inévitable, avec symptômes pathognomoniques de consomption, dit le second médecin.

— Marasme, amaigrissement rapide, extinction de la vie, prononça le troisième savant d'un ton sentencieux.

— Inappétence pour les aliments, anorexie, désorganisation de toutes les fonctions vitales.... le spleen des anglais, messieurs....

— Suicide, dit le quatrième médecin, qui avait soigneusement cherché à ne pas reproduire les termes de ses confrères.

— Je vois, messieurs, reprit Lauraguais, que votre avis est unanimement pour l'affirmative dans la question soumise à vos lumières. Or, une conséquence toute simple découle naturellement de votre avis unanime, c'est que, pour obtenir la guérison du malade, il est indispensable de lui ôter de dessous les yeux l'objet qui cause cet état de souffrance, où la vie est compromise.

Les docteurs répondirent qu'on ne pouvait trop se hâter d'agir ainsi.

— Cela étant, Messieurs, dit le comte, veuillez bien signer votre avis, que j'ai fait d'avance formuler sur ce papier, convaincu qu'il serait tel que vous venez de l'émettre.

Les quatre docteurs signèrent, sans la moindre difficulté, après avoir entendu la lecture du certificat collectif qu'ils étaient censés avoir rédigé séance tenante.

Muni de cette pièce en bonne forme, M. de Lauraguais court la déposer chez un commissaire de police, et porte, à l'instant, plainte contre le prince d'Hénin, qui, par son obsession auprès de Mlle Arnoux, doit infailliblement faire périr d'ennui cette actrice, sujet précieux pour les plaisirs du public, essentiellement intéressé à sa conservation. En conséquence, il requiert la force de loi et justice, pour qu'il soit ordonné au dit prince de s'abstenir de toute visite chez ladite demoiselle, afin qu'elle soit délivrée de la maladie d'ennui dont elle est atteinte, et qui la conduirait au tombeau, suivant la décision rendue par la faculté.

Le corps des commissaires de police, dans la 2ᵉ moitié du xviiiᵉ siècle, se composait d'hommes très versés dans les réglements sur le balayage des rues, l'enlèvement des boues, et l'arrosement de la voie publique en été ; il prononçait, en robe, et avec une pleine compétence, sur les coups de poings échangés entre les nymphes errantes et les racoleurs du quai de la Ferraille ; mais il se trouvait peu de criminalistes profonds parmi ces honnêtes quarteniers. Celui auquel s'était adressé le comte de Lauraguais reçut gravement la plainte portée contre le prince d'Hénin ; il allait y donner suite lorsque son greffier, dans la tête duquel résidait toute la sagacité du patron, lui fit comprendre que le seigneur jovial avait voulu s'amuser, en mystifiant un rival, et que la robe commissariale pourrait être gravement compromise par cette mauvaise plaisanterie.

L'affaire en resta là ; mais, publiée par le comte lui-même, elle fit du bruit. Le facétieux personnage eut la triple satisfaction d'avoir mystifié le corps des médecins, auquel il en voulait toujours d'une dent ; celui des commissaires de police, qu'il avait eu quelquefois à ses trousses pour d'autres malices trop crues ; enfin le prince d'Hénin, sur lequel il avait jeté le manteau du ridicule, qui ne lui allait pas mal.

La princesse d'Hénin, jeune femme très courtisée et très accessible à ce genre d'hommages, ayant appris la mystification dont son époux était le plastron, se prit à dire : « de quoi va donc se mêler M. de Lauraguais ? s'il allait me rejeter mon mari sur les bras, je ne lui pardonnerais de ma vie un si mauvais tour. »

Heureusement pour la princesse, le comte n'obtint pas de son expédient tout le succès qu'il en attendait : non-seulement le prince d'Hénin continua ses fréquentes visites chez Mlle Arnoux ; mais il témoigna le désir de n'y voir que lui : c'était véritablement le moyen de réaliser le pronostic des quatre médecins.

Un jour le compositeur Gluck se trouvant avec quelques musiciens, chez la célèbre actrice, à lui faire répéter le rôle qu'elle devait jouer dans *Orphée et Euridice*, le prince arriva, et laissa remarquer beaucoup de mauvaise humeur en trouvant une si nombreuse compagnie. Gluck, qui aurait donné toute la noblesse du saint empire pour un *Presto-agitato*, choqué du mépris que l'arrivant semblait faire des mélodistes, resta sur sa chaise et ne s'occupa nullement de son altesse. Blessé à son tour, le prince dit avec hauteur : « Mais il me semble que l'usage
» en France est qu'on se lève, lorsque quel-
» qu'un et surtout un homme de considéra-
» tion entre dans un appartement. — L'u-
» sage en Allemagne, monsieur, repondit le
» compositeur, est de ne se lever que pour
» les gens qu'on estime. » Et tandis que le prince, indigné, balbutiait quelques injures, Gluck, se tournant vers Mlle Arnoux,

ajouta : « puisque vous n'êtes pas maîtresse
» chez vous, mademoiselle, je vous quitte et
» n'y reviens plus. »

Cette aventure, qui fit beaucoup de bruit, prouva que si les dons de l'esprit ne surabondaient pas chez le prince d'Hénin, la valeur d'Achille n'y suppléait pas à la finesse d'Ulisse. Car il faut convenir que le sieur Gluck, grand maître dans la science musicale, avait besoin d'une bonne leçon de politesse.

Ces petits scandales se produisirent au milieu des grands événemens qui venaient de s'accomplir en France : la mort de Louis XV et l'avènement de son successeur au trône. Faut-il l'avouer, cette chronique aux ailes de papillon occupait la renommée au moins autant que le passage de l'ancien règne au nouveau. Mais si le beau monde s'intéressait à l'Opéra plus qu'aux vicissitudes de la cour, celle-ci n'était pas sans occuper quelques observateurs de l'Opéra : témoin Mlle Arnoux elle-même, qui en déplorant la mort du roi et l'exil de la favorite, disait d'un ton pathétique : « Nous voilà orphelins de père et de mère. »

Trois mois s'étaient à peine écoulés depuis l'apparition d'*Iphigénie*, et déja Gluck cueillait de nouvelles palmes pour *Orphée et Euridice*, qu'il venait de transporter de la scène italienne à la scène française. Et voyez ce que c'est que la vogue : la musique d'*Orphée et Euridice* était imprimée à Paris dès 1768, et elle y produisait si peu de sensation que l'éditeur, après sept à huit ans, n'en avait pas vendu douze exemplaires. Mais tout le monde n'ignorait pas cette mine opulente d'harmonie : il fut reconnu que MM. Philidor, Gossec, Monsigny y avaient puisé à pleines mains, et que des morceaux entiers de leurs ouvrages appartenaient au chevalier Gluck ; ce qui, dit-on, rendit ces messieurs très confus.

Le compositeur Allemand, peu de jours après la première représentation d'*Orphée*,

obtint une pension de six mille livres, avec la promesse d'en avoir autant à chaque Opéra qu'il ferait jouer. Cette faveur inspira beaucoup de jalousie aux musiciens français qui, depuis longtemps, travaillaient pour l'Académie de Musique sans avoir été aussi favorisés. Un soir dans le foyer des acteurs, ils s'en plaignaient hautement, lorsque Gluck arriva. S'étant arrêté derrière eux, il écouta un moment leurs récriminations; puis il leur répondit : « Vous avez raison, messieurs, la
» pension que je dois aux bontés de la reine
» peut sembler prématurée ; mais ce n'est
» pas ce que j'ai fait depuis quatre mois en
» France que la cour récompense ; c'est
» bien plus tôt ce que vous me prenez depuis
» huit ans. »

Après la mort de Louis XV, la reine assistait souvent aux représentations de l'Opéra, mais seulement quand l'on jouait les ouvrages de son protégé, Gluck. Plusieurs personnes se disaient bien tout bas que cette exclusion était un peu trop allemande pour venir d'une reine de France ; mais on n'en courait pas moins à l'Académie royale de Musique lorsque la jeune souveraine devait s'y montrer. Chez nous une femme, lorsqu'elle est jolie, parait toujours assez patriote, pourvu qu'elle sache sourire à ses admirateurs ; et cet art, Marie Antoinette d'Autriche le possédait au suprême degré. Heureux si elle l'eût toujours mis en usage... Le sourire des princes était encore pour les Français, au XVIIIe siècle, une sorte de richesse : on eût dit qu'il faisait éclore des prospérités, comme le doux soleil de mai fait naître des fleurs. Depuis lors nous sommes devenus moins faciles à contenter en fait de démonstrations princières, et les trésors du pays ne s'échangent plus contre cette monnaie de facile émission, qui consiste à se plisser les muscles du visage avec plus ou moins de grâce, ou si l'on veut d'habileté.

Le 15 janvier 1775, la reine fit prévenir les directeurs de l'Opéra qu'elle assisterait le soir à la représentation d'*Iphigénie*, mais dans une sorte d'*incognito*, qu'elle observait par cette convenance d'étiquette qui, dans les cours, tient lieu de douleur après la mort d'un souverain. Sa majesté avait fait savoir qu'elle prendrait la loge dite des bâtimens, aux secondes; place plus que modeste assurément. Mais vous allez voir combien, pour le surplus, l'incognito annoncé se montra condescendant. Le maréchal de Brissac, gouverneur de Paris, attendait la reine, ainsi que le maréchal duc de Biron, commandant la garde du spectacle, qui dans les circonstances ordinaires, était commandée par un sergent aux gardes françaises. Ces deux grands officiers de la couronne se trouvèrent à la portière du carrosse de sa majesté quand elle arriva, tandis que deux des directeurs de l'Opéra, tenant chacun un flambeau à la main, se disposaient à précéder la reine jusqu'à sa loge.

Madame la comtesse de Provence, le prince son époux et M. le comte d'Artois, accompagnaient sa majesté.

Depuis sa voiture jusqu'à la loge qu'elle devait occuper, la jeune souveraine fut accueillie avec les plus vives et les plus sincères acclamations. Parvenue à sa place, sa majesté et les princes accomplirent les exigences de l'étiquette avec une régularité mécanique, que n'eût pas mieux combinée le chef des comparses, qui, peut-être, profitait de cette leçon royale, l'œil appliqué à l'une des ouvertures du rideau. Je copie ici l'article du *Mercure*. « Sa majesté ayant été reçue par
» d'unanimes applaudissements, permis à
» cause de l'incognito, y a répondu par trois
» révérences; Madame l'a imitée; puis les
» deux princesses s'étant séparées, Monsieur
» a paru au milieu d'elles, et a fait ses trois
» saluts; enfin, M. le comte d'Artois, ayant
» pris sa place, a rempli le même cérémo-
» nial..... Au second acte, le sieur le Gros,

» qui jouait le rôle d'Achille, par une pré-
» sence d'esprit qui lui fait honneur, a su
» introduire une légère variante dans le
» chœur commençant par :

Chantez, célébrez votre reine,

» en y substituant :

Chantons, célébrons notre reine,

» Cette substitution de la première personne
» à la seconde, accompagnée d'un regard
» respectueux porté sur l'illustre spectatrice,
» a produit l'effet le plus touchant. Tous les
» yeux se sont fixés à l'instant sur sa majesté
» et le chœur fini, on a crié *bis*. La reine,
» émue de sensibilité à la vue de pareils trans-
» ports, que Monsieur et M. le comte d'Ar-
» tois excitaient encore par leurs applaudis-
» sements, n'a pu contenir sa reconnaissance,
» et l'on a vu des larmes de joie couler de
» ses yeux. Quand sa majesté est sortie l'al-

» légrese du peuple n'a pas moins éclaté, et
» la foule a suivi les princes autant qu'elle
» a pu avec les acclamations ordinaires de
» *Vive la reine !* »

Louis XVI, au commencement de son règne était réellement le bien-aimé du peuple, et l'on sait que, depuis longtemps, son aïeul n'était plus que le *bien-aimé de l'almanach*. Mais ma conscience d'historien me fait un devoir d'ajouter que les demoiselles de l'Opéra ne partageaient point cette affection universelle vouée au jeune souverain. Sa majesté, dès les premiers moments de son règne, avait manifesté l'intention, étrange au jugement de ces dames, d'introduire la morale à l'Académie royale de Musique : la morale, vertu essentiellement antipathique aux habitudes du lieu : innovation ruineuse, intolérable, à laquelle on ne pouvait penser sans frémir.

Et pourtant la réforme méditée par sa majesté avait eu déjà un commencement d'exécution, poussée jusqu'à l'inhumanité la plus sauvage, disaient les nymphes du magasin. Voilà ce qui s'était passé vers le mois de juillet 1774.

La demoiselle Granville de l'Opéra se faisait entretenir par le sieur Joinville, maître des requêtes : c'était un jeune magistrat fort bien fait, spirituel, digne en un mot d'inspirer un amour aussi vif que constant, qu'il eût obtenu sans doute, s'il n'eût pas payé pour cela. Mais comme il payait et même généreusement, il fut sacrifié à un amant, auquel l'ingrate beauté passait une partie de l'or qu'elle tenait du maître des requêtes, et qui, par reconnaissance, la battait une ou deux fois par jour. Jusque là tout allait pour le mieux : les coups dans ce genre de liaison étant réputés témoignage de tendresse. Mais un jour le tendre ami cassa un bras à sa maîtresse ; elle trouva que c'était aussi trop d'amour, et le chassa. Il va sans dire qu'il fut remplacé le lendemain ; mais la rupture du bras et de l'intrigue avait eu de l'éclat; M. Joinville ouvrit enfin les yeux, et vit qu'un autre amant soupirait, conjointement avec lui, au domicile de mademoiselle Grandville, mais que lui seul payait.

L'entreteneur trompé s'éloigna, et voulut se faire rendre pour 25,000 fr. de lettres de change qu'il avait remises à la perfide. Bien entendu celle-ci se refusa à la restitution; prétendant que la somme lui était bien due,

---

Pour quatre mois au moins d'appointements échus.

La contestation fut portée devant M. le lieutenant-général de police, lequel renvoya les parties devant M. le duc de la Vrillière, très expert dans ce genre de débats. Sous le roi Louis XV, cet homme d'état eût tranché la question, et probablement Mlle Granville aurait eu à se féliciter de l'arrêt. Mais ce procès scandaleux étant le premier qui se fût présenté depuis que Louis XVI règnait, le duc soumit l'affaire à la décision du roi lui-même. Or, le jeune monarque considéra la question sous un point de vue tout-à-fait nouveau en jurisprudence: au lieu de rendre la justice à l'une des parties, il vit deux coupables, contre lesquels il fallait sévir. En conséquence, voulant punir M. Joinville de son inconduite, sa majesté le débouta de sa demande en restitution. Mais en même temps, pour la réparation du scandale public et pour l'honneur des mœurs outragées par la demoiselle Granville, le juge souverain ordonna qu'elle eût la tête rasée et qu'elle fût enfermée à Sainte-Pélagie, lieu de réclusion des femmes, dites repenties.

Lorsque cette nouvelle parvint derrière le rideau de l'Opéra, ce furent des murmures, des cris, des malédictions mêmes, dont les directeurs eurent toutes les peines du monde à arrêter le déchaînement. Il fallut montrer à cette tourbe de nymphes mutinées les portes de l'hôpital, près de s'ouvrir pour engloutir le magasin entier, si cette effervescence émeutière ne se calmait pas.... Elle se calma; mais alors les larmes succédèrent aux clameurs : chaque demoiselle croyait voir les ciseaux d'investiture royale suspendus sur sa tête, comme une épée de Damoclès tranchante.

— C'est fini, s'écriaient en sanglotant, cantatrices, danseuses et figurantes, les jours heureux de l'Opéra sont passés : l'âge d'or des équipages, des écrins, des hôtels est fini pour nous.... l'âge de fer commence.

Mais ce furent bien d'autres lamentations lorsque Louis XVI, en portant le flambeau de sa jeune sagesse dans les usages de l'Opéra, y eût aperçu le plus immoral des abus qui jamais se soit autorisé de la tolérance royale. Depuis les premières années du règne de Louis XV, lorsqu'une femme voulait se soustraire à l'autorité conjugale, une fille à l'autorité paternelle ou maternelle, il suffisait qu'elle se fit inscrire sur la liste des demoiselles de l'Opéra. Sans avoir besoin d'appartenir autrement au personnel de ce spectacle, elle devenait entièrement libre : elle avait acquis une majorité prononcée par le vice ; et ni les lois sociales, ni les lois naturelles ne conservaient sur elle aucun empire. Le théâtre royal était pour ses désordres un lieu d'asile : elle n'appartenait plus qu'à ses passions. Ce n'est pas tout, il arrivait quelquefois que la volonté même des demoiselles sages était violentée : en 1774, Paris offrit l'exemple de cette affreuse violation.

« Le duc de Fronsac, fils aîné du maré-
» chal de Richelieu, dit un mémorialiste du
» XVIIIe siècle, s'est fait le continuateur des
» vices de son père, mais non pas l'imitateur
» de son amabilité, si puissante sur le sexe,
» que jamais, peut-être, il n'eût une violence
» à se reprocher. Fronsac ne procède point
» ainsi : sa galanterie est celle de ces châte-

» lains du moyen-âge qui, lorsqu'ils avaient
» arrêté leur regard sur une de leurs vassales,
» ne connaissaient point d'obstacles à l'assou-
» vissement de leur désir brutal. Un de ces at-
» tentats que nos voluptueux appellent une
» gentillesse, et qui pèsera longtemps sur la
» réputation, si ce n'est sur la conscience de
» M. de Fronsac, a soulevé l'indignation de
» l'énergique Gilbert, dont la plume a laissé
» couler ce torrent de fiel poétique. »

La fille d'un bourgeois a frappé sa grandeur ;
Il jette le mouchoir à sa jeune pudeur.
Volez, et que cet or, de mes feux interprète,
Coure, avec ces bijoux, marchander sa défaite ;
Qu'on la séduise. Il dit : ses eunuques discrets,
Philosophes abbés, philosophes valets,
Intriguent, sèment l'or, trompent les yeux d'un père.
Elle cède. On l'enlève ; en vain gémit sa mère.
Échue à l'opéra par un rapt solennel,
Sa honte la dérobe au pouvoir paternel.
Cependant une vierge, aussi sage que belle,
Un jour, à ce sultan, se montra plus rebelle.
Tout l'art des corrupteurs, auprès d'elle assidus,
Avait, pour le servir, fait des crimes perdus...
Pour son plaisir d'un soir, que tout Paris périsse !

Voilà que dans la nuit, de ses fureurs complice,
Tandis que la beauté, victime de son choix,
Goûte un chaste sommeil sous la garde des lois,
Il arme d'un flambeau ses mains incendiaires ;
Il court, il livre au feu les toits héréditaires
Qui la voyaient braver son amour oppresseur,
Et l'emporte mourante en son char ravisseur.
Obscur, on l'eût flétri d'une mort légitime ;
Il est puissant, les lois ont ignoré son crime.

Le poète, moins heureux pour avoir signalé le crime que le grand seigneur qui l'avait commis, fut recherché par ce dernier, et faillit expier, dans une obscure prison, la mission noblement courageuse qu'il s'était donnée. Mais Fréron offrit à Gilbert un asile que l'arbitraire n'osa pas violer. Le rédacteur de l'*Année littéraire* exerçait déjà cette puissance qui, bientôt, devait soumettre les rois mêmes, et les grands commençaient à trembler devant elle.

Louis XVI apprit, en frémissant, qu'un abus, beaucoup plus que toléré, favorisait le crime flétri par le jeune satyrique ; deux jours après, il en avait fait justice. Les filles d'opéra crièrent; mais la morale publique respira, et les familles bénirent le vertueux souverain.

XVII.

LA LOGE A JALOUSIE — LUCILE — AVENTURES AU BAL DE L'OPÉRA.

Charles-Philippe de France, comte d'Artois, était en 1775, un prince de 18 ans à peine, mais passablement émancipé pour son âge. On accusait M. le duc de Chartres d'avoir hâté cette émancipation, s'en rapportant peu pour cela au mariage du jeune prince. Il paraît du reste que M. le duc de Chartres aimait à faire des élèves : la chronique du temps met également sur son compte l'éducation du prince de Lamballe, son beau-frère. Quoiqu'il en soit, M. le comte d'Artois, à l'époque où nous voici parvenus, se donnait des allures aussi excentriques que peu matrimoniales : déjà plusieurs nymphes de l'Opéra vantaient l'amabilité de son altesse royale, et l'on comprend à quel titre on était aimable au jugement de ces demoiselles.

Sans doute par suite de leur information à ce sujet, M. le comte d'Artois, en *chenille*, comme on disait alors d'une toilette négligée, descendant d'un cabriolet modeste et sans armes, entra un matin chez M. Rebel en sifflant, selon son habitude assez peu royale ; et sans autre préambule qu'un salut fort douteux, il dit à l'administrateur général :

— Monsieur, je veux une loge.

— Pour ce soir, mon prince ?

— Pour toujours.

—La salle de l'Opéra est à la disposition de votre altesse royale.

— Une seule loge me convient...

— Si votre altesse royale daigne la désigner.

— C'est celle de la ville.

— Je ne doute pas, monseigneur, que M. le prévôt des marchands et le corps des échevins ne s'empressent de condescendre au désir de votre altesse royale, en lui cédant cette loge; mais elle est la seule dont je ne puis disposer sans l'assentiment de ces magistrats... La ville a des droits.

— Des droits! qu'est-ce que c'est que ça?

— Mon prince, la ville de Paris entretient, à ses frais, l'Académie royale de Musique, qui ne se soutiendrait pas par ses propres ressources, et votre altesse royale comprendra qu'il est juste que ses magistrats se réservent une loge.

— Eh! bien, monsieur Rebel, je vous le

dis franchement, ces messieurs feront bien de choisir une place qui les mette moins en vue... ce sont, j'aime à le croire, des hommes très recommandables ; mais vous conviendrez que leurs physionomies de drapiers et de droguistes en gros font tache au milieu des places occupées généralement par la cour... Vrai, vous leur rendrez service en les reléguant dans quelque coin un peu obscur. Ainsi voilà qui est convenu, vous arrangerez cela avec messieurs de la ville.

— Votre altesse royale eût réussi plus promptement et je dois le dire, plus sûrement.

— Allons donc, vous voulez rire... Est-ce que des hommes en place refusent rien quand on leur demande au nom d'un fils de France?

— Si cela était possible, mon prince, ce serait de la part d'hommes en place qu'on ne paye pas... Enfin, puisque votre altesse royale le désire, je parlerai à ces messieurs.

— C'est cela, monsieur Rebel, parlez leur à ces bons bourgeois... Vous concevez, je ne puis pas, moi, me commettre à solliciter de ces gens là .. Ah! j'oubliais, vous aurez soin de faire mettre des jalousies à la loge... Il y a des moments où l'on aime à être chez soi...

— J'oserai vous représenter, monseigneur, que les loges où l'on peut être chez soi sont placées dans une partie de la salle tout autre que celle où se trouve la loge que demande votre altesse royale. Celle-ci convient parfaitement pour assister au spectacle; mais je craindrais que, fermée d'une jalousie, elle ne devint spectacle elle-même.

— Beau scrupule! l'Opéra est l'Opéra... Bonjour, monsieur Rebel; vendredi prochain je prendrai possession de ma loge.

Et le prince sortit en sifflant, comme il était entré.

Rien n'est mystère pour les oisifs d'une grande ville: le lendemain de l'entretien que je viens de rapporter, on se racontait à l'oreille, durant une répétition à l'Opéra, le pourquoi de la loge à jalousie, que l'on croyait bien savoir. M. le duc de Chartres avait, disait-on, recommandé vivement Mlle Duthé à M. le comte d'Artois ; et ce dernier s'était empressé d'avoir égard à la recommandation, au grand déplaisir de madame la comtesse d'Artois, que le jeune prince négligeait prématurément, il faut en convenir. De là ce mauvais jeu de mots, qui se débitait partout : « M. le » comte d'Artois, ayant eu une indigestion de » biscuit de *Savoie*, vient prendre *du thé* à » Paris. »

Tandis que cette petite chronique circulait sur le théâtre dans un groupe d'acteurs, un personnage déjà âgé et d'une physionomie malicieuse, écoutait en silence, appuyé contre une coulisse.

— Vous ne savez que la première partie de l'histoire, dit cet écouteur à celui qui venait de parler, et je vois que vous ne connaissez pas le vrai *pourquoi* de la loge. Je suis mieux informé que vous.

« La demoiselle Duthé, continua l'homme aux traits malicieux, n'ayant pas réfléchi qu'un aussi gentil papillon que M. le comte d'Artois ne pouvait être fidèle à une rose dès longtemps épanouie, voulut se donner des airs de favorite. On la vit à Longchamp dans un carrosse à six chevaux, et parée comme une princesse naturelle. Mais tous ceux qui se trouvaient là savaient bien que le crédit de cette superbe beauté n'avait eu que la durée d'un caprice, et sa magnificence devint un sujet de dérision. Sifflée, huée, entourée d'une foule moqueuse, la demoiselle ne put faire entrer son brillant équipage en file; il fallut rétrograder honteusement.

« C'était de bonne guerre, dit le narrateur en terminant : il est assez d'autres occasions où le vice est fêté à l'égal de la vertu et de la probité. Chez les grands, cela va même tout seul... mais le peuple, ne vous y fiez pas ; *son bon sens grossier* fait promptement justice des faux dieux...

« Le motif pour lequel M. le comte d'Artois se donne, à l'Opéra, une loge particulière, poursuivit le conteur, est bien autrement original, ma foi, qu'une vulgaire intrigue avec Mlle Duthé..... Le prince a trouvé piquant d'être, en amour, le successeur de son aïeul... N'ouvrez pas de grands yeux, ce que je vous dis est de toute exactitude : Charles-Philippe de France est, depuis dix jours, aux pieds de Mme Du Barry ; et comme cette belle exilée ne peut se montrer à Paris ouvertement, c'est pour lui procurer le plaisir d'assister à l'Opéra, que des jalousies vont être mises à la loge dont son altesse royale s'est emparée... Oh! vraiment, M. le comte d'Artois promet beaucoup : cet élève là fera de l'honneur à M. le duc de Chartres. »

Ce que le narrateur s'était gardé de dire, c'est que lui-même, ami de l'ex-favorite avant sa grandeur, avait inspiré au jeune prince.

le désir de connaître cette dame autrement qu'à titre de quasi grand'maman. On ajoutait que son altesse royale avait apprécié à tel point cette bonne fortune, qu'il venait de donner au négociateur la charge de surintendant de ses finances..... Ce négociateur c'était Saint-Foix : on voit donc qu'en racontant il parlait pertinemment.

Vous pensez bien que la loge du corps municipal ne fut pas disputée au frère du roi ; une belle jalousie verte, qu'on y adapta, en ferma l'ouverture peu de jours après, à la représentation d'*Azolan*. Ceci donna lieu aux plus divergentes suppositions, non pas de faits : les avis, à cet égard, furent identiques, mais de personnes. Or, vous pouvez vous faire l'idée de la stupéfaction des spectateurs, lorsqu'ils virent Mme Du Barry sortir de la fameuse loge, en s'appuyant, avec un abandon d'intimité triomphale, sur le bras de M. le comte d'Artois, âgé de 18 ans. Quand M. le duc de Chartres apprit cette intrigue, il s'écria : « Je donnerais dix mille louis pour qu'une pareille idée me fût venue ; la première fois que je verrai M. le comte d'Artois, je baiserai le pan de son habit. »

J'ai nommé plus haut l'opéra d'*Azolan* : c'était le coup d'essai d'un jeune compositeur de 23 ans, appelé Floquet, qui, en produisant une œuvre médiocre, avait fait preuve d'un talent rempli d'avenir. Mais l'esprit de parti, toujours prêt à s'emparer de tout ce qui peut lui servir d'aliment, s'empressa d'établir un parallèle entre le musicien débutant et l'auteur d'*Iphigénie* : les adversaires de Gluck allèrent jusqu'à dire que Floquet l'emportait sur le mélodiste allemand. Mais l'événement vint bientôt démentir cette réputation de coterie : le public abandonna *Azolan*, que les mauvaises langues appelaient *Désolant*, et l'on continua de courir aux opéras du chevalier Gluck. Après avoir élevé Floquet au-dessus de ce grand maître, on finit par convenir qu'il avait seulement des dispositions qui pourraient le conduire loin, s'il allait étudier en Italie. Par malheur, Louis XVI paraissait peu disposé à favoriser la musique, art dont sa majesté faisait assez peu de cas. La reine, au contraire, l'affectionnait; elle était même musicienne; mais l'école d'Italie lui déplaisait; et le jeune compositeur n'ayant pas cru devoir aller étudier à Vienne, il fut abandonné à ses propres forces.

Cette petite intrigue musicale, qui avait occupé, quelques semaines durant, les habitués de l'Opéra, s'était ensevelie, avec tant d'autres, dans le fleuve d'oubli, lorsqu'un intérêt d'un genre encore inédit dans les parages de l'académie lyrique, surgit des éphémérides assez uniformément vulgaires du *magasin*. Parmi ces jeunes filles qui, sous le règne de Louis XV, trouvaient à l'Opéra la sauve-garde du vice, contre l'autorité des familles et même des lois, on comptait Lucile de Germancé, demoiselle noble, qu'un amour violent pour le sieur Flamanville, officier aux gardes, avait jetée hors des voies du devoir. Fortune, considération, hommages honorables d'une multitude de prétendants, elle avait tout abandonné pour se donner au moins sensible, au plus volage des hommes. Lucile n'avait point spéculé : son âme était restée pure dans le déshonneur de sa personne. Elle aimait sans mesure, voilà tout ; et lorsqu'un tel amour se heurte contre un cœur incapable de le comprendre, il le fatigue d'autant plus vite qu'il est plus puissant, plus impérieux. Le sieur Flamanville, las d'être tant aimé, quitta l'infortunée *échué à l'Opéra*, comme disait Gilbert, et forma d'autres nœuds, sans s'occuper de ce que deviendrait celle qu'il avait perdue.

Une jeunesse brillante environnait Mlle de Germancé ; sa bonne conduite phénoménale au milieu d'un essaim de beautés qui étaient toutes à tous, fixa sur elle mille regards : une multitude de cavaliers, non moins accomplis qu'opulents, mirent à ses pieds les offres les plus séduisantes ; aucun ne fut écouté. La pauvre enfant ne concevait pas que deux amours pussent trouver place dans une existence, parce que, selon ce qu'elle éprouvait, la première passion devait remplir toute la vie. Dans cette situation, elle porta sur l'avenir un triste regard, et n'y voyant nul moyen de salut qu'au sein de la prostitution, dont elle repoussait l'idée avec dégoût, elle résolut froidement de se soustraire à la nécessité d'un si honteux recours en se donnant la mort.

Mais avant de mettre à exécution son funeste projet, elle voulut tenter encore d'intéresser, au moins par la pitié, l'amant qui la réduisait au désespoir.

« Après m'avoir déshonorée, lui écrivait-
» elle, vous ne m'avez laissé à suivre, en
» m'abandonnant, que le chemin du vice,
» que vous m'aviez ouvert. Si votre âme eût
» été assez noble pour lire dans la mienne,
» vous auriez reconnu l'erreur d'une telle
» pensée. J'ai pu accepter le déshonneur paré

» de toutes les séductions de l'amour ; mais
» l'infamie, avec tous les dons de la fortune,
» ne fera jamais de moi sa conquête. Depuis
» que vous m'avez quittée, j'ai dû à quelques
» heures de sommeil l'oubli de mon humi-
» liation et de votre ingratitude ; mais ces
» heures sont courtes, et je retrouve le dé-
» sespoir à mon réveil. Le seul remède à tous
» les maux est, dit-on, le grand sommeil, le
» sommeil sans réveil... Je vais savoir si l'on
» dit vrai... Vous aurez causé ma mort ;
» Puisse le ciel vous permettre de ne pas vous
» la reprocher... Venez au moins, je vous en
» conjure, recevoir mon dernier soupir, et,
» avec lui, le pardon de vos offenses... Ve-
» nez, votre conscience sera soulagée d'un
» remords qui vous atteindrait infaillible-
» ment : l'âme qui retourne vers sa source doit
» avoir mission de la miséricorde divine. »

Flamanville reçut ce billet touchant au milieu d'une orgie ; à peine, à travers le mirage
de l'ivresse, put-il en saisir les expressions

que son hilarité sacrilège revêtit des riantes couleurs de la plaisanterie.

— Messieurs, balbutia l'officier aux gardes, une femme qui va mourir d'amour, qu'est-ce qui veut y croire ?

— Pas moi.

— Ni moi.

— Ni moi.

— Ni personne.

— C'est trop de scepticisme, Messieurs, dit un camarade de Flamanville, dont les traits nobles et fortement accentués révélaient une âme forte et élevée. Je vois que vous jugez les femmes d'après celles que vous avez connues, et, je le parierais, vous les aviez prises sur l'intimation de vos sens, plutôt que choisies avec l'aveu de votre cœur... Je suis Espagnol, Messieurs, et je crois que les femmes meurent non pas d'amour, mais de la honte d'avoir prodigué tous les trésors de ce sentiment à d'indignes objets.

— Discours superbe, mon féal ami, reprit

Flamanville d'un accent embarrassé par l'épaisseur bachique de sa langue... Si jamais on rétablit les cours d'amour, ce qui pourrait bien arriver sous le règne de notre jolie reine, je sollicite pour toi la présidence... En attendant, je t'offre une mission digne de toi... Voici une lettre amoroso-funéraire d'une mienne passion, mise à la réforme pour cause de fidélité passée à l'état chronique ; la belle me convie poliment à prendre ma part de son dernier soupir... mais, vois-tu, mon cher, je n'eus jamais de goût pour ce genre de banquets... Je te donne ma procuration, scellée d'un verre de Champagne ; verse et vole au chevet de la belle ; aide-là, en mon nom, à voiturer son âme vers l'éternité, si tant est qu'elle tienne à faire le voyage, ce dont je doute un peu. Mais si, par hasard, ma sultane valide ne veut qu'être consolée, je te donne plein pouvoir de te faire consolateur, en ton propre et privé nom.

L'Espagnol, sous l'empire de ses idées, devait ajouter foi au désespoir de Lucile ; il savait, d'ailleurs, que cette demoiselle ne partageait point les mœurs des femmes au milieu desquelles son amant l'avait fourvoyée. Il se leva en silence, prit la lettre que ce dernier avait jetée toute ouverte sur la table, et l'ayant parcourue rapidement, il s'élança hors de la chambre avec précipitation.

Lorsque l'ami de Flamanville arriva chez Mademoiselle de Germancé, il la trouva seule chez elle, à moitié couchée sur un canapé et dans un morne abattement. Un petit flacon vide se trouvait près d'elle ; une légère trace imprimée dans l'intérieur, laissait reconnaitre qu'il avait été rempli d'une liqueur brune... « De l'opium, s'écria l'espagnol, après avoir flairé cette fiole ; la malheureuse en a pris assez pour empoisonner dix personnes. »

Cependant les traits de Lucile, tout-à-l'heure décomposés, se coloraient et s'agitaient progressivement par une sorte de sur-excitation galvanique; ses yeux devenaient étincelans, ses lèvres, entr'ouvertes, contractaient une mobilité fébrile... L'attitude de l'infortunée était singulière : le dirai-je, l'espagnol perdit pour un moment l'opinion qu'il avait manifestée à table ; il crut que Mademoiselle de Germancé se jouait de lui. Mais bientôt il revint de son erreur calomniatrice : des mouvemens convulsifs se prononcèrent ; un délire étrange se déclara : ce mélange indéfinissable de souffrance et de volupté, qui signale l'action délétère de l'opium se révéla par la bouche de Lucile.

— « Quelqu'un est là, dit-elle d'un accent bref et strident, est-ce toi, Charles?... tu viens me sauver peut-être... Mais je ne veux pas, la mort est trop délicieuse... si tu m'aimes, tu mourras aussi, toi... il doit être bien doux de mourir à deux... Oh ! non, je me trompais, c'est une horrible souffrance que j'éprouve... Je vois d'effroyables démons... Grâce ! grâce ! ne me brisez pas la tête avec ces haches qui brillent dans vos mains... Prenez garde, si vous m'ouvrez le front, la prière en sortira...

L'ami de Flamanville ne savait que faire; il était seul avec Lucile et n'osait plus la quitter pour appeler du secours, lorsqu'un hasard providentiel amena une voisine qui, depuis quelque temps, s'était liée avec Mlle de Germancé. L'espagnol lui expliqua rapidement ce qu'il savait, la pria de ne pas s'éloigner de Lucile et courut chercher un médecin.

Durant quatorze heures on disputa l'infortunée à la mort, de laquelle l'art parvint enfin à triompher. Lorsque Lucile fut revenue entièrement à elle, l'officier aux gardes était encore là, seul à ses côtés; elle se souvint de l'avoir vu dès le commencement de l'état désespéré dont elle sortait.

— Oserai-je, monsieur, vous demander qui vous êtes, et comment vous vous trouvez ici, dit Mademoiselle de Germancé d'un ton mal assuré.

— Je suis un ami de Flamanville... et j'étais venu de sa part.

— Au lit de mort de la pauvre Lucile, qu'il n'a pas daigné consoler à son heure dernière. M. Flamanville exerce la pitié par l'entremise de ses amis : cette conduite est bien de lui.

L'espagnol garda le silence.

— Il me semble, Monsieur, que vous êtes ici depuis long-temps, reprit Mademoiselle de Germancé avec une hésitation marquée.

— Je me félicite d'y être arrivé à temps pour reconnaître le danger que vous couriez et le prévenir.

— Je crois avoir éprouvé un délire étrange... Peut-être, ajouta la demoiselle d'une voix tremblante, vous ai-je pris pour Charles Flamanville.

— Il est vrai, mademoiselle, que vous m'avez prêté ce nom de Charles.

— Et vous avez compris, j'espère, que ma langue obéissait au délire où le poison me plongeait... délire étrange dont un homme d'honneur...

Lucile n'acheva pas ; mais l'espagnol devina sa pensée, et par un silence intentionnel, laissa résolument le doute dans l'esprit de la pauvre fille... Il l'aimait.

Vous avez compris que Mlle de Germancé croyait avoir porté bien loin l'erreur qui, durant son délire, lui avait fait prendre l'ami de Flamanville pour lui, et qu'il s'était abstenu de la dissuader; dans quel dessein? Assurément cet homme grave a déjà perdu l'estime que vous lui aviez accordée ; mais peut-être avez vous eu tort de la lui enlever.

L'ami de Flamanville, que je nommerai le comte de Las Viélas, était un jeune officier de la plus belle espérance, qu'une affaire d'honneur avait obligé de s'expatrier. Accueilli en France par de hautes protections, il était entré dans les gardes avec le grade de lieutenant. Sa fortune était considérable ; il en faisait un noble usage, en consacrant une partie de ses revenus à encourager les arts, à favoriser les recherches de la science ; et si, pour ne pas se singulariser avec ses camarades, il figurait quelquefois dans ces orgies, qui sont une sorte de dépendance obligée de la vie militaire, il n'en partageait jamais les excès. Aussi l'avait-on surnommé le Caton des gardes.

Tel que je viens de peindre le comte de Las Viélas, il n'inspirait à Lucile qu'une vive reconnaissance, à travers laquelle perçait toujours le souvenir de l'homme qui, non-seulement l'avait lâchement abandonnée, mais s'était montré assez inhumain pour jeter un froid regard sur sa tombe entr'ouverte... L'amour est ainsi fait : l'outrage n'est souvent pour lui qu'un attrait de plus. Mlle de Germancé recevait toujours avec embarras son sauveur ; elle eût mieux aimé qu'il ne vînt pas, vous savez pourquoi.

Enfin, un jour Las Viélas entra chez Lucile rayonnant de joie, et, sans autre préambule, lui dit : Mademoiselle, votre père vous attend à déjeûner.

— Mon père !... Ai-je bien entendu, monsieur le comte ? m'avez-vous dit que mon père m'attendait ?

— Je viens vous prendre pour vous conduire auprès de lui...

— Ah ! je comprends, homme généreux, c'est à vous que je dois ce retour inespéré !

— Homme généreux, peut-être.

— Monsieur le comte, s'écria Lucile trompée par ces mots, en se couvrant le visage de ses deux mains, de grâce ne me rappelez pas...

L'Espagnol ne répondit point ; on arriva à l'hôtel du baron de Germancé. Le noble vieillard était seul dans son cabinet ; Lucile tomba à ses pieds et fondit en larmes.

— Eh non ! pas là, ma fille, dit le baron en la relevant ; et la pressant sur son cœur, il ajouta : Je dois tout oublier, puisqu'un homme honorable retrouve en toi assez de vertu pour t'offrir sa main...

Lucile garda un moment le silence. le souvenir du lâche Flamanville venait de jeter un dernier reflet à son cœur... ou peut-être hésitait-elle à accepter une union dont elle se croyait indigne. Puis tout-à-coup elle se jeta dans les bras du comte en s'écriant :

— Ah ! merci ! merci ! Vous avez su reconnaître l'or pur à travers la boue qui le couvrait... Et, d'ailleurs, comment pourrais-je refuser votre main quand...

Huit jours après, Lucile de Germancé était comtesse de Las Viélas ; et le soir des noces le comte lui disait :

— Vous m'avez cru, chère Lucile, moins sage et plus heureux que je ne l'avais été... apprenez donc que mon bonheur passé fut une erreur de votre pensée... erreur que j'adore, car je lui dois ma félicité réelle.

— Comte, vous me trompiez ; mais je crois que je vous en remercierai.

Le dénouement de cette aventure excita beaucoup de rires moqueurs parmi les domoiselles du *magasin*; et toutes finissaient par dire : elle a bien fait de se marier, Lucile; elle n'était bonne qu'à être honnête femme.

Ce n'était pas à cette qualité qu'aspirait Mlle Guerre, cantatrice d'un certain talent, qui fit, à peu près en ce temps, la conquête de M. le duc de Bouillon. L'amour de son altesse datait de six mois en juillet 1775, et déjà cette maîtresse lui avait coûté huit cent mille livres. Les choses en étaient là lorsque le roi, informé des prodigalités du prince, lui en témoigna son mécontentement, avec sa franchise d'expression ordinaire qui, certes, devait faire honneur aux principes de sa majesté, mais qui ne devait jamais prendre rang parmi les belles manières. M. de Bouillon écouta avec respect les remontrances du jeune monarque; mais l'amour qui ne se corrige pas de lui-même est incorrigible. Malgré bon nombre de perfidies faites par Mlle Guerre à son illustre amant, il en était plus épris que jamais au commencement de l'automne : saison où les passions d'Opéra commencées au printemps ont ordinairement pris fin. Vers le mois de septembre, on chantait, au dessert des soupers de petites maisons, les couplets que voici :

 Bouillon est preux et vaillant,
  Il aime la Guerre ;
 A tout autre amusement,
  Son cœur la préfère.
 Ma foi, vive un chambellan
 Qui toujours s'en va disant :
 Moi j'aime la Guerre au gué,
  Moi j'aime la Guerre.

 Au sortir de l'Opéra
  Voler à la Guerre,
 De Bouillon, qui le croira,
  C'est le caractère.
 Elle a pour lui des appas
 Que pour d'autres elle n'a pas :
 Enfin, c'est la Guerre au gué,
  Enfin, c'est la Guerre.

 A Durfort il faut *du Thé*,
  C'est sa fantaisie ;
 Soubise, moins dégoûté,
  Aime *la Pairie* (1).
 Mais Bouillon qui pour son roi

---

(1) Danseuse de l'Opéra.

Mettrait tout en désarroi,
Aime mieux la Guerre, au gué,
Aime mieux la Guerre.

La poésie ne surabonde pas dans ces couplets, et je ne viens point vous proposer de les écrire sur votre *album*. Mais loin de peindre des vices fabuleux, qui, par malheur, peuvent devenir des réalités sociales par amour des *choses saisissantes*, nos pères flagellaient gaiement les vices existants, et les corrigeaient quelquefois. Ils diminuaient ainsi le bagage des travers humains ; nous faisons en sorte de l'augmenter : s'il y a progrès, l'avantage en est douteux.

La *Guerre de l'Opéra*, comme on appelait le Pont-Neuf que je viens de copier, se fredonnait jusque dans la salle de l'Académie royale de Musique, aux représentations de *Cythère assiégée*, opéra composé jadis pour la comédie italienne, par Favart, et que Gluck fit jouer à l'Opéra en 1775. Le refrain grivois dont le duc de Bouillon était le héros résonna même aux oreilles de la reine, lorsqu'elle vint entendre la nouvelle partition de son protégé. Le duc de Coigny, dont sa majesté aimait les causeries agréables, lui raconta longuement les amours que l'on chantait avec moins de poésie, mais plus de gaîté que ceux d'Énée et de Didon ; lui en montra l'héroïne parmi les nymphes qui, contre leur habitude, se disposaient à soutenir un siège sur les remparts de Cythère. La reine trouva ce récit fort plaisant, et s'en fit répéter plusieurs circonstances, tant M. de Coigny contait au gré de sa majesté.

La jeune souveraine donna ensuite son attention au spectacle ; mais elle pria le duc de Coigny de rester dans sa loge, pour lui dire ce qu'il pensait du nouvel opéra. L'aimable courtisan se garda bien d'attaquer la musique, quoiqu'elle eût été assez généralement jugée au-dessous des précédentes œuvres du compositeur ; en récompense, il égaya beaucoup la reine par ses remarques sur le poème.

Au second acte de *Cythère assiégée*, les beautés du pays, rangées sur les murailles, en habit de combat, c'est-à-dire en tunique de gaze diaphane, laissaient tomber, pour tous projectiles, sur les assiégeants, guerriers couverts d'acier, des fleurs qu'effeuillaient leurs blanches mains. Le duc fit remarquer à la royale spectatrice l'heureuse allégorie du triomphe de la beauté sur la force ; mais il se garda bien d'apprendre à sa majesté ce qu'on disait parmi messieurs les mousquetaires sur la nuance des fleurs effeuillées. A la fin du même acte, les assiégeants apportaient des échelles pour monter à l'assaut : M. de Coigny affirma à la reine qu'aux deux premières représentations, le parterre avait demandé que ces échelles servissent à afficher une nouvelle pièce.

Vers la fin du spectacle, M. de Malesherbes, nouvellement nommé secrétaire d'état, ayant le département de Paris, parut à l'Opéra. Ce vénérable magistrat était l'homme de l'opinion publique: malgré la présence de la reine, il fut accueilli par d'unanimes acclamations. Jusqu'à ce moment la plus suave expression avait encore embelli les traits de sa majesté; l'ovation faite au nouveau ministre, fit succéder un sombre nuage au sourire qu'avait entretenu, avec tant de bonheur, M. de Coigny. Lorsque Malesher- vint saluer la reine dans sa loge, elle le reçut avec une contrainte mal déguisée : disons toute la vérité, cette princesse n'aimait point cet homme d'état taillé sur le patron de Sully; ce *vir bonus* d'Horace que le peuple aimait trop au gré de ses maîtres. L'essaim des ris, que le duc de Coigny avait introduit dans la loge, s'était enfui à l'entrée du ministre... Ah! que la destinée jette quelquefois dans les âmes d'injustes préventions : ce romain des temps antiques, contre lequel Marie-Antoinette se sentait un éloignement invincible... il devait un jour, au péril de sa vie, que l'on prendrait, défendre celle de Louis XVI, avec laquelle eût été sauvée celle de la reine.

Au mois de novembre, une grande perturbation advint à l'Opéra, par suite de la mort du sieur Rebel. Cet administrateur général, très agé et n'ayant plus la vigueur nécessaire pour diriger une machine aussi compliquée que l'Académie royale de Musique, gouvernait au moins par ses agents, et sa mort laissa l'empire lyrique dans une complète anarchie. De là les divisions intestines : entre le Gros et Larrivée, s'éleva une rivalité envenimée relativement à des récompenses pécuniaires. D'un autre côté, les demoiselles Rosalie et Châteauneuf, s'accusaient mutuellement de s'être fait siffler, ce qui pouvait bien être. Leur querelle donna, un soir, le spectacle aux acteurs eux-mêmes dans le foyer; et si les amants respectifs des adversaires ne fussent pas intervenus pour les séparer, le débat allait dégénérer en épisode des halles.

Mais la mort de Rebel fut le point de départ d'une contestation plus grave, une levée de boucliers générale contre mademoiselle Arnoux. Cette célèbre actrice, retirée depuis quelque temps, mais non pas remplacée, avait consenti à jouer, moyennant une rétribution de cinq louis par représentation : un acteur des Folies-Dramatiques ne conclurait pas aujourd'hui un tel marché. Cependant, les acteurs de l'Opéra trouvèrent alors que cet arrangement était trop onéreux ; ils s'élevèrent contre sa conclusion, et déclarèrent qu'ils se retiraient s'il était maintenu. De son côté, mademoiselle Arnoux déclara qu'elle ne rabattrait pas un sou de ses prétentions.

Les choses en étaient là lorsque l'intéressante *prima donna*, conformément à la disposition en litige, dut jouer le rôle d'Adèle, dans *Adèle de Ponthieu*. Or, M. le comte d'Artois assistait à la représentation ; et lorsque mademoiselle Arnoux se plaça sur le siège préparé pour elle durant la fête, elle s'aperçut que le jeune frère du roi la regardait avec une bienveillance très marquée. Comme elle savait que son altesse royale était depuis quelque temps en veine d'affection pour les vieilles expériences galantes, et pensa que son tour pourrait bien être arrivé dans les caprices du prince. Enhardie par cette pensée, plus encore que par les regards dont elle outrait peut-être l'expression, la cantatrice expédia, à l'adresse du fils de France, un de ces sourires de femme qui promettent aux hommes tout ce qu'ils veulent y voir. M. le comte d'Artois, attiré par cet encouragement, ou plutôt par cette provocation, se sentit engagé dans une intrigue qu'il n'avait nullement méditée, et qui se trouva tellement avancée par un simple échange d'œillades, que toute l'assistance regarda la conclusion comme certaine.

Dès le lendemain, en effet, son altesse royale déclara à M. de Saint-Foix que le suprême bonheur était d'avoir une maîtresse de trente à trente-cinq ans. Vous savez que cette assertion a été soutenue de nos jours, en belle prose qualifiée de Philosophique, par M. de

Balzac : les grands personnages et les beaux esprits ont donc parfois les mêmes opinions : c'est rare cependant.

Après le petit épisode galant qui venait de mettre une haute expérience de plus sur la liste des conquêtes du comte d'Artois, il ne fut plus question à l'Opéra, de la chicane faite à Mademoiselle Arnoux pour les cinq louis par représentation, qu'une actrice célèbre de notre temps abandonnerait à sa femme-de-chambre.

Vous voyez qu'à l'époque où nous voici parvenus, la cour se mêlait assez volontiers aux intrigues du tripot: et pour rendre cette vérité plus démonstrative, je grouperai sous vos yeux deux aventures arrivées au bal de l'Opéra, dont je ne vous ai pas parlé depuis assez long-temps.

M. le duc de Bourbon, ce héros malheureux de l'espagnolette, auquel je ne puis songer sans m'attrister sur la déplorable fin qu'ont souvent les plus nobles choses, eut une jeunesse très agitée, durant laquelle Madame la duchesse se plaignit gravement de lui. De son côté, ce prince prétendait avoir à se plaindre de Madame la duchesse. Dans cette question, la priorité des griefs serait un point essentiel à résoudre, pour l'allègement de l'une ou de l'autre réputation ; mais comment en pareille matière, remonter aux causes premières : le péché qui débute se cache bien, et ne déchire le voile du mystère que lorsqu'il est devenu assez vicieux pour n'être plus honteux de lui-même. Les amours qui naissent clandestinement dans les domaines encore jonchés des primevères de l'hymen, sont, autant que l'occasion s'en présente, des amours domestiques : pour les bourgeoises, c'est un commis ; pour les dames nobles, un secrétaire, un aide-de-camp, un neveu ; pour les princesses un page, un écuyer, un chambellan. Dans ce premier essor d'une trahison conjugale encore timide, le marchand courtise sa servante, le gentilhomme, la sémillante soubrette de sa femme, le prince quelque dame de compagnie attachée à la princesse. Telle fut la première passion pécheresse de M. le duc de Bourbon; Madame de Can*** obtint les hommages de son altesse sérénissime, et ne les repoussa point : les forces répulsives en amour étaient alors d'une rareté phénoménale. Soit longanimité, soit conscience d'une réciprocité déjà établie, Mme de Bourbon ne se montra point jalouse; seulement par une transaction amiable entre les époux, il fut décidé que Mme de Can*** serait renvoyée. On la plaça auprès de la princesse Élisabeth, sœur du roi... Mais vous savez qu'avec certaines dispositions, on devient diable dans la compagnie des anges : l'exemple de Satan est là.

Or, voici venir une circonstance qui, pour les esprits hasardeux, pourrait bien paraître concluante, quant à l'initiative de l'infidélité conjugale, dont je vous parlais tout-à-l'heure. M. le comte d'Artois, qui vraiment était alors un jeune homme fort entreprenant, vit la nouvelle dame de compagnie de sa sœur, lui offrit ses vœux, et fut écouté.

Madame la duchesse de Bourbon, si philosophiquement résignée aux écarts de son mari, laissa éclater une vive contrariété, en apprenant l'affaire de cœur engagée entre Charles de France et Madame de Can***. Il ne fallut pas toute la sagacité qui sauva OEdipe de la dent du Sphinx, pour interpréter cette impression imprudente : Madame la duchesse de Bourbon, dans les bulletins médisans du grand lever, fut inscrite au nombre des conquêtes de M. le comte d'Artois, sans qu'on sût précisément quel ordre numérique elle y devait tenir. Mais aux allures d'amante récriminatrice que prenait la princesse, on dut assez naturellement reconnaître un amour dont les présents ne flattaient plus le prince volage.

Madame de Can***, au contraire, était au zénith de sa puissance : le prince n'était heureux qu'avec elle ; il la mettait de moitié dans tous ses plaisirs, la décidait à partager toutes ses folies : à ce point qu'elle consentit à le suivre au bal de l'Opéra. ... le Mardi-Gras. L'altesse et la jeune dame étaient soigneusement déguisées ; mais quel déguisement peut cacher aux yeux de la jalousie, ce qu'elle persiste à découvrir. La duchesse de Bourbon, instruite de la mascarade du couple amoureux, et tout aussi peu soucieuse du qu'en dira-t-on que M. le comte d'Artois, se jeta résolument dans la mêlée au bal de l'Opéra. Elle se fit l'ombre des amans ; harcelés par ce masque malencontreux, ils s'efforcèrent vainement de lui échapper : dans la salle, au foyer, dans les corridors, l'inévitable domino restait attaché à leurs pas, comme le fer à l'aimant. Charles de France, bouillant de colère, fut vingt fois tenté de faire saisir par la garde cet individu d'une rare incommodité; madame de Can*** tempérait, à voix basse, l'humeur effervescente de l'altesse royale. Enfin, elle lui proposa de se séparer, sauf à se rejoindre lorsque le fantôme noir serait dérouté. Sur cette proposition, la dame de compagnie, quittant le bras du prince, se perd dans la foule ; M, le comte d'Artois en fait autant.

Quelques instans après, son altesse, qui a fait mille circuits dans la salle pour tromper son argus masqué, espérant enfin lui avoir échappé, s'assied à l'écart pour se reposer un moment de sa laborieuse locomotion. Vain espoir ! à peine le prince est-il assis que le domino endiablé vient prendre place à ses côtés.

Qui pourra jamais calculer l'audace de l'amour jaloux ! La duchesse veut à tout prix acquérir une certitude : dominée par un invincible tension de nerfs, elle saisit brusquement la barbe du masque de son voisin, pour la soulever ; le cordon casse, le masque tombe et le frère du roi se trouve, à visage découvert, au milieu d'une cohue de Mardi-Gras. .

M. le comte d'Artois, sans nul doute, avait

reconnu la princesse; autrement il eût assommé sur la place une femme assez audacieuse pour s'être permis une insulte aussi grave, envers un si haut personnage. Mais la réflexion rapide que fit en ce moment son altesse royale, ne put être modératrice jusqu'à sauver l'imprudente duchesse d'une terrible riposte manuelle; et sans la démasquer toutefois, son parent lui écrasa son masque sur le visage, puis s'éloigna sans proférer un mot.

« Le mouvement était peu royal, est-il dit
« dans un des mémoires du temps : le sang
« partit du nez de son altesse sérénissime...
« La foule légère et folâtre ne s'aperçut pas
« de cet évènement; Madame de Bourbon,
« sanglante et humiliée, se retira, sans avoir
« vu, pour cette fois, le scandale se joindre à
« à sa honte. »

« Les princes de la maison royale feignirent d'ignorer cette déplorable aventure, et c'était le bon moyen pour en éteindre promptement l'éclat. Mais la duchesse, furieuse et se souciant peu sans doute du retentissement qui devait aggraver encore les choses, ne put commander à son ressentiment. Au premier souper qu'elle donna, sa fureur fit explosion devant trente convives, par cette phrase d'une inimaginable imprudence: « M. le comte « d'Artois est le plus insolent des hommes. « Mardi, au bal de l'Opéra, j'ai pensé appeler « la garde pour le faire arrêter. » Et le récit de ce qui s'était passé, avec arrangement de sa propre conduite, suivit le préambule que je viens de citer... A cette étrange révélation, toutes les lèvres se pincèrent, tous les regards féminins se baissèrent ; et pas un mot ne s'éleva du sein de l'assistance stupéfiée.

Quarante-huit heures après, tout Paris savait l'anecdote ; la cour ne put continuer de fermer l'oreille au bruit qui lui arrivait de toutes parts ; ce fut alors que l'on arrangea, entre M. le comte d'Artois et M. le duc de

Bourbon, ce duel qui recouvrit l'aventure scandaleuse d'une couche de ridicule.

La pénitence efface tous les péchés ; et vous savez que les deux illustres acteurs de la scène beaucoup trop pittoresque que je viens de retracer ont dû, chacun de son côté, conquérir tous les trésors de la miséricorde. Vous me direz peut-être qu'ils se sont mis en veine de repentir quand leur péché lare avait des rhumatismes ; mais aussi comme leur contrition a été grande et édifiante ! Assurément, nous verrons la galerie historique de Versailles enrichie d'un tableau représentant Mme la duchesse de Bourbon mourant au pied de l'autel, dans la nouvelle église de Sainte-Geneviève. Laissez-moi vous dire maintenant qu'un autre tableau rendrait plus saisissant encore l'effet de celui-là : ce serait une toile de Paul de La Roche, par exemple, où l'on verrait son altesse sérénissime soulevant le masque de M. le comte d'Artois, dans un bal public du Mardi-Gras... Comprenez-vous le magnifique contraste au profit de la grâce !

Quant à M. le duc de Bourbon, il fut, par malheur, jeune trop longtemps ; et vous savez tous ce qu'il lui en a coûté. J'ai entendu cent fâcheux se récrier sur l'amour excessif de son altesse sérénissime pour la chasse... cette opinion n'est pas la mienne, et je crois, au contraire, que ce prince débonnaire *n'a pas assez chassé*. Quoiqu'il en soit, je ne proposerais point de placer le tableau de sa mort dans la galerie que vous savez, à côté de la peinture séraphique où se trouveraient reproduits les derniers moments de Mme de Bourbon : la fin de son mari formerait un triste contraste ; et le public, enclin aux jeux de mots, en parlant de ce *pendant*, ne manquerait pas de le qualifier par un participe passé.

Je me suis singulièrement éloigné de l'Opéra en suivant une aventure qui, peut-être, amenait d'assez bonne grâce l'*adjutorium* que je n'ai pas le courage de me reprocher. Or, pour achever de vous prouver jusqu'à quel point la cour s'était éprise de l'Opéra, au commencement du règne de Louis XVI, il faut que je vous dise que la reine elle-même aimait à se fourvoyer dans les bals de ce théâtre, et même dans les plus *empopulacés*. (De grâce, passez moi l'expression.)

Lorsque sa majesté devait assister à ces bals, sous le masque, c'était aux Tuileries, dans un appartement du pavillon de Flore, qu'elle se costumait, avec l'assistance de Mme de Langeac d'abord, plus tard avec celle de Mme de Polignac. Le roi n'était jamais informé de ces parties, et rarement il fut à même de les apprendre fortuitement. Sa majesté avait contracté l'habitude de se mettre au lit de bonne heure : habitude qui n'était pas assez complètement bourgeoise cependant, pour que ce prince couchât avec sa femme. Quand la reine devait seulement voir d'une loge le mouvement du bal, elle venait directement de Versailles en habit de ville. Son voyage ne durait pas plus de trente-cinq minutes :

on voit que les wagons du chemin de fer ne dépassent pas de beaucoup cette célérité, que sa majesté seule obtenait. Il y avait un relais à Sèvres.

(Le jeudi gras du carnaval qui suivit celui où Mme de Bourbon avait acquis tant de renommée, la reine se rendit au bal de l'Opéra, et se plaça dans une loge du premier rang, c'est-à-dire presque au niveau de la lice où s'ébattait la foule joyeuse. A peine sa majesté était-elle assise qu'un masque costumé en poissarde, mais en poissarde à éventaire, s'approcha de sa loge, et se prit à intriguer la royale spectatrice avec une outrecuidance jusqu'alors sans exemple. Je ne mettrai point en scène le singulier dialogue qui s'établit entre la reine de France et la prétendue harengère : les renseignements me feraient défaut pour rendre jusqu'à ce point la fidélité historique. Je me borne à rapporter ce que j'ai lu dans des mémoires contemporains.

« Dès que sa majesté a paru, y est-il dit,

» ce masque est venu au bas de sa loge et l'a
» entreprise avec une étrange familiarité. Il
» l'appelait, sans façon, *Antoinette*, la gour-
» mandait vertement de ne pas être couchée
» auprès de son mari, qui *ronflait*, disait-il,
» en ce moment. Enfin, il lui recommandait
» d'être plus rangée à l'avenir. Or, sa ma-
» jesté trouvait tant de gaîté et d'intérêt dans
» cette singulière conversation, qu'elle se
» baissait pour mieux l'entendre, de ma-
» nière à faire presque toucher son sein au
» hardi discoureur. Au bout d'une heure de
» ce singulier divertissement, la reine a quitté
» sa loge, en assurant à la prétendue pois-
» sarde que ses saillies l'avaient beaucoup
» amusée, et elle lui a donné rendez-vous
» pour le bal suivant... » (1)

On apprit, depuis, que le masque audacieux était l'acteur Dugazon, de la comédie

---

(1) Mémoires secrets pour servir à l'histoire de la république des lettres. Année 1777.

française; mais on ne sut pas tout alors, et ce fut vingt-cinq ans plus tard, que cet excellent comédien, dans un déjeûner, raconta devant moi ce qu'on va lire.

« La surveille du jeudi gras de l'an 1777, dit-il, un valet de pied, portant la livrée royale, entra chez moi avant huit heures du matin, et insista auprès de mon domestique pour me remettre, en main propre, une lettre dont il était porteur. On l'introduisit quoique je ne fusse pas levé. Ce valet me remit en effet une dépêche scellée des armes de France : je l'ouvris ; elle ne contenait que ces mots : « Demain, 25 février, Monsieur Du-
» gazon se rendra à Versailles de midi à une
» heure ; le gentilhomme de service l'intro-
» duira dans le cabinet de sa majesté, où il
» apprendra ce qu'on attend de lui. »

« La lettre n'était point signée ; mais il paraissait évident que le roi avait ordonné qu'elle me fût écrite. Je craignis un moment qu'une *charge* trop forte, lancée au théâtre, ne m'eût attiré quelque réprimande ; mais s'il en était ainsi, me dis-je après un instant de réflexion, sa majesté ne me ferait pas l'honneur d'une semonce royale : M. le lieutenant-général de police et le For-l'Évêque font suffisamment raison à la morale publique des écarts d'un valet de comédie. D'ailleurs, cette locution : *ce qu'on attend de lui*, paraît exclure toute idée de reproche ; et ceci signifie plutôt que l'on a besoin de moi à Versailles. Diable ! me voici en relations directes avec la cour, avec le monarque lui-même, peut-être... Allons, on a beau dire, la célébrité rapproche toutes les conditions... les comédiens de talent sont des hommes illustres... On n'en a pas encore anobli, pourtant... qui sait si sa majesté ne veut pas commencer par moi... Et le château en Espagne que je bâtissais allait devenir haut comme l'Atlas, quand un sous-régisseur du Théâtre-Français vint me dire qu'on m'attendait pour répéter les *Folies amoureuses*, où je jouais Crispin. Et je me dis, en jetant mon manteau sur mes épaules, il est peu probable que Louis XVI songe à anoblir Crispin.

« Le lendemain, continua Dugazon, je me rendis à Versailles à l'heure dite, et je fus introduit immédiatement dans le cabinet du roi. Louis XVI était en ce moment penché sur une carte de l'Amérique, qu'il paraissait examiner avec beaucoup d'attention. Lorsqu'après les trois saluts usités au théâtre, renforcés d'une courbure dorsale beaucoup plus convexe, je me fus approché du bureau près duquel le roi était assis, sa majesté, qui ne s'était aperçue ni de mon entrée, ni de mes saluts, me vit enfin, et m'ayant regardé avec son clignotement ordinaire, me dit dans un dialecte complètement affranchi d'étiquette :

— Qu'est-ce que vous voulez ?

— Sire, je me rends aux ordres de votre majesté : je suis Dugazon.

— Ah! c'est différent : je me souviens que je vous ai mandé.

— Et je me suis empressé...

— Écoutez, Dugazon, interrompit le monarque, on dit que vous avez de l'esprit, de l'audace : c'est ce qu'il me faut. La reine va souvent aux bals masqués de l'Opéra ; elle croit que je l'ignore, et je veux lui laisser cette erreur. Mais il ne me convient point qu'elle continue d'aller à ces bals... ce n'est pas sa place : c'est bien assez que Monsieur le comte d'Artois, et même Monsieur le comte de Provence se fourrent dans cette cohue, qui sue l'immoralité ! mais cela les regarde. Quant à la reine, je voudrais trouver un moyen de la dégoûter de ces mascarades... Vous savez, dit-on, être insolent au besoin.

— Sire...

— Laissez-moi parler... vous savez, dis-je, être insolent : cela m'arrange. Vous irez au prochain bal de l'Opéra, déguisé d'une manière hideuse ; et, dans cet accoûtrement, vous intriguerez la reine avec une grande familiarité.

— Sire, je n'oserai jamais.

— Puisque je vous l'ordonne...

— J'obéirai à votre majesté.

— Ne ménagez pas les termes, je vous soutiendrai.

— Ce n'est que sur une pareille assurance, Sire, que je m'écarterai, même dans le carnaval, du profond respect que je dois à ma souveraine.

— Il ne peut pas y avoir de souveraine en tel lieu. Allez, Dugazon, et le lendemain du premier bal, venez me rendre compte du résultat de notre tentative... Surtout, point de ménagements.

« Deux jours plus tard, je me présentai de nouveau devant Louis XVI, qui, cette fois, me reçut en riant.

— Eh bien ! Dugazon, j'ai de vos nouvelles ; vous avez été parfait avec votre déguisement de poissarde.

— Sire, j'ai fait de mon mieux.

— Je le sais, et le résultat...

— Votre majesté en est informée ?

— Non, mais je m'en doute : la reine, furieuse, a juré qu'elle ne remettrait pas le pied au bal de l'Opéra.

— La reine, sire, m'a donné rendez-vous pour le mardi gras.

FIN DU SECOND VOLUME.

www.ingramcontent.com/pod-product-compliance
Lightning Source LLC
Chambersburg PA
CBHW060604170426
43201CB00009B/892